こどもが喜ぶ スープジャーのお弁当

すぐに作れてカラダにやさしいから、塾弁にもぴったり！

渡辺あきこ

世界文化社

はじめに

最近のこどもは、塾にスポーツに、さまざまな習い事にと、とても忙しい毎日を送っています。気になるのは、時間刻みのスケジュールで、こどもはきちんと食事をとれているのかということ。

がんばるわが子は応援してあげたいものですが、やはり成長期には、菓子パンやレトルト食品ではなく、手作りの料理を食べさせたい──。

でも、家事や育児に追われているお母さんにとって、きちんと栄養バランスを考えたお弁当を毎日作るのはとても大変なことです。そこで活躍するのがスープジャーです。

スープならば、野菜や肉もバランスよく入るので、一品だけでも栄養バランスが整います。

それに、スープジャーは、保温力が高いので、直前に作ったスープも持ち運んでいる間に味がなじみ、よりおいしく味わえます。

スープジャーを使ったこどものためのレシピということで、食材はこどもが好むものを中心にセレクトしました。味つけも、辛さや酸味を抑え、食べやすいおだやかな味に仕上げています。

簡単ですぐできるスープジャー料理で、忙しいお母さんとお子さんがホッとひと息つけたら、こんなにうれしいことはありません。

まずは週1回からでも、スープジャー弁当をはじめてみませんか。

渡辺あきこ

Contents

こどもが喜ぶ スープジャーのお弁当

- こどものお弁当にスープジャーがいい理由 …… 8
- これがスープジャーのいいところ！ …… 10
- おいしく作れる！ジャー料理のワンポイントアドバイス …… 11
- スープジャーの使い方 …… 12
- こんなスープジャーを選ぼう …… 13

Column 1
料理がもっとおいしくなる！　かつおだしのとり方 …… 14

Chapter 1　お腹も満足！ 元気が出るおかずスープ

- ソーセージポトフ ＋ 卵ときゅうりのサンドイッチ …… 16
- ミネストローネスープ ＋ ロールパン …… 18
- オニオングラタンスープ ＋ チーズトースト …… 20
- 沖縄風みそ汁 ＋ 塩おにぎり …… 22
- すいとん …… 24
- おでん風スープ …… 25
- 豚汁 …… 26
- 里いものけんちん汁 …… 27
- キャベツとハムのスープ …… 28
- ベーコンとコーンのチャウダー …… 29
- 牛肉と豆腐のチゲ …… 30

卵とチーズのスープ	31
辛くないスワンラータン	32
春雨スープ	33

Column 2

野菜がおいしくなる！ゆで時間の目安 ……… 34

Chapter 2
ぽかぽかあったか
体にやさしいスープ

コーンポタージュ ✚ ホットドッグ	36
卵とトマトのスープ ✚ のり弁当	38
鮭と根菜のスープ ✚ わかめとゆかりのおにぎり	40
帆立のクリームスープ ✚ パン	42
焼き野菜のみそ汁	44
かきたま汁	45
シンプルみそ汁	46
アスパラの豆乳ポタージュ	47
コーンと卵のスープ	48
野菜のごった煮スープ	49
せん切り野菜のコンソメスープ	50
きのこのスープ	51
わかめスープ	52
鶏と白菜のスープ	53

Column 3

朝ご飯は大切です ……… 54

Chapter 3 | たくさん作って おいしいスープ

あさりのチャウダー	56
ロールキャベツ	58
鶏のクリームシチュー	60
ポトフ	62
スープカレー	64
ブイヤベース	66

Column 4
冷凍しておきたい食材 …… 68

Chapter 4 | 冷凍して使い回す 楽ちんスープ

- ●基本の肉だんごの作り方 …… 70
  - 鶏肉だんごと根菜汁 …… 71
  - 豚肉だんごと小松菜のスープ …… 72
  - 牛肉だんごのボルシチ …… 73
- ●基本のクリームソースの作り方 …… 74
  - ほうれん草のクリームスープ …… 75
  - トマトクリームスープ …… 76
  - カレークリームスープ …… 77
- ●基本の野菜ペーストの作り方 …… 78
  - じゃがいものポタージュ …… 79
  - にんじんのポタージュ …… 80

かぼちゃのポタージュ ……………………………… 81

Column 5
冷凍しておきたい食材 ……………………………… 82

Chapter 5 | スープと一緒に持たせたい！ ご飯いろいろ

スパムおにぎらず／焼肉おにぎらず／
照り焼きチキンおにぎらず ………………………… 84

コーンとツナのおにぎり／チーズにぎり／
たまご巻きおにぎり ………………………………… 86

梅がつお巻き／かっぱ巻き／たらこ巻き ………… 88

卵ときゅうりのサンドイッチ／ジャムサンド／
ハムチーズサンド …………………………………… 90

ケチャップライス／チャーハン／のり弁当 ……… 92

ホットドッグ ………………………………………… 94

ハンバーガー ………………………………………… 95

※衛生上、作ってから5時間以内に食べるようにしてください。
※写真は、具材が見えるようにスープを若干多めに入れて撮影しています。実際にはスープを入れすぎないように注意してください。
※スープジャーは製品によって扱い方法が異なります。付属の取扱説明書に従って使用してください。
※1カップは200ml、大さじ1は15ml、小さじ1は5mlです。
※材料は基本的に1〜2人分の分量を基本としていますが、レシピによっては作りやすい分量で表記しています。
※煮る時間は、いったん沸騰してからの時間です。
※火加減は目安です。お使いのコンロや調理器具に合わせて調節してください。
※すべてのレシピの火加減は、沸騰までは中火、沸騰してからは弱火です。

こどものお弁当に
スープジャーが いい理由

学校から帰ってすぐに塾やスポーツ少年団に飛び出し、夜遅く、くたくたになって帰ってくるがんばりやのこどもを持つお母さんの、いちばんの心配事は食事ではないでしょうか。できたてとはいかなくても、少しでも温かく、栄養のあるものを食べて育ってもらいたい……。そんなこども思いのお母さんにぴったりなのが、スープジャーなのです。

野菜、肉などの栄養を バランスよくとることができる

パンやおにぎりだけでは、どうしても栄養バランスが偏りがちですが、野菜や肉がたっぷりのスープがあれば、きちんとした食事に早変わり。スープに溶け込んだ栄養も、そのまま飲めるのがさらにうれしい。

スープだから満腹になりすぎず、 学習・スポーツの邪魔をしない

空腹を温かく満たしてくれるスープは、たくさん食べなくても満足感を得られます。消化がいいので眠気も起こりにくく、頭も冴えたまま打ち込めるので、勉強やスポーツの直前に食べても大丈夫。

温かいスープがあるだけで、 心もお腹も満足する食事になる

お弁当がいつも冷たいものだけでは、味気なく、気持ちもさみしくなってしまいます。温かいスープがあるだけで、ホッと気分がなごみ、心もお腹も満足するのが、スープジャーの大きな利点です。

こども思いの
スープジャー

Introduction

これがスープジャーの いいところ！

温かいスープを手軽にこどもに持たせられるスープジャーは、忙しいお母さんの味方。長時間の保温ができて、持ち運びしやすい形も便利なポイントです。

＼おかずをたくさん 作らなくてもいい／

バランスのよいお弁当を作るには、何品もおかずを準備しなくてはならず、手間も時間もかかってしまいます。スープジャー用に作るスープなら、具に野菜や肉がたっぷり入っているので、それだけで栄養満点のおかずになります。一品料理ですむので、コストもかからず経済的です。

＼簡単調理で 時間短縮！／

お母さんの朝はほんとうに忙しいもの。朝ご飯を用意するだけでも大変なのに、お弁当まで……。でも、スープなら前日に作りおきしておけるので便利です（chapter3参照）。さらに、冷凍した食材を効率的に使い回せるのもうれしいポイント！（chapter4参照）

＼毎日のお弁当に 変化をつけられる／

スープジャーは塾やスポーツに出かけるこどものお弁当に最適ですが、毎日の通学にも大活躍してくれます。毎日のお弁当の献立で悩んでいるお母さんも、このスープジャーレシピを参考にレパートリーを増やしてください！

おいしく作れる！
ジャー料理の
ワンポイントアドバイス

この本（Chapter1、2、4）では、スープジャーの容量に合わせて1人分のスープレシピを紹介しています。シンプルで簡単な分、加減ひとつで味は変わってしまいます。本当においしいスープを作るためにも、これらのアドバイスに気をつけて作ってみてください。

塩味は薄めに

塩は、熱湯でも意外と溶けにくいのを知っていますか？　入れたら混ぜて、少し経ってから味見をしましょう。塩味は、やや薄いかな、というぐらいがちょうどいい加減です。

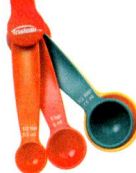

必ず味見をする

レシピの分量通りに作っても、そのときの気温、食材の産地などによって、毎回味は変わるもの。とくに塩を入れるときには必ず先に味見をしましょう。料理の味を覚えることで、変わらないわが家の味ができていくのです。

野菜は切り方を揃えて食感をよくする

野菜には、それぞれに最適な堅さになるゆで時間があります（P.34参照）。生煮えやゆですぎはおいしくなく、こどもは野菜を嫌います。簡単なのは、野菜の大きさ、切り方を揃えてゆでること。そうすることで火の通りが均一になり、食感も味もよくなります。

タイマーは必携

分量が少ない料理をするときには、タイマーは必携です。ゆで時間の見張り番をタイマーに任せておけば、その間に効率よくほかの作業ができます。手間がかかると敬遠せず、むしろ手間を省くためにも、タイマーをもっと活用しましょう。

1人分は小さい鍋で

1人分の分量は意外なほど少ないです。大きい鍋を使うと、煮詰まって濃すぎる味つけになったりすることがあります。直径15～16cmほどのふた付きで深めの小さい鍋を使うと失敗が少なくなります。

食材は冷凍ストックが便利

そのつど、1人分の材料を揃えるのは、手間もお金もかかってとても不経済。使い勝手のいい肉、野菜を冷凍しておけば、急にお弁当が必要になったときや、忙しいときなどに重宝します（P.68、82参照）。

Introduction

スープジャーの使い方

寒い冬や、夏場に冷房の効きすぎた室内などで
温かいスープが食べられるのは、うれしいこと。
温かいスープをおいしく食べるには、
使い方のポイントを知って、
ジャーをかしこく使いこなしましょう。

1 スープや具材の入れすぎに注意

スープや具材を入れすぎると、ふたをしたときにあふれたり、移動中にもれる可能性があります。具材はあまり入れすぎず、スープは、ジャーの8分目までがポイント。逆に少なすぎると、スープが冷めやすいので注意しましょう。

2 スープを入れる前に、ジャーの中を温めておく

調理したスープを入れる前に、あらかじめジャーに熱湯を入れて温めておくと、スープの温度が下がりにくく、ある程度時間が経ってもおいしくいただけます。熱湯でなくてもかまいませんが、殺菌効果も期待して、熱湯で温めておくと安心です。

3 やけどには十分注意する

調理したての熱々のスープを扱うので、やけどには十分注意しましょう。先に具をスプーンでジャーに入れ、それからスープを注ぎ入れると、汁などの飛びはねを防ぐことができます。

4 電子レンジに直接かけない

スープジャーごと電子レンジにかけることはできません。商品によっては、食器洗浄機もNGの場合も。付属の取扱説明書に従って使用しましょう。

5 洗ったあと熱湯につける

夏場におすすめしているのは、洗ったあと熱湯につけおくこと。ボウルに洗ったジャーを入れ、沸かした湯を注ぐだけで、手軽に殺菌ができます。

こんなスープジャーを選ぼう

スープジャーは、真空2重構造が施された携帯用の保温・保冷容器のこと。
口径が広いので食材が入りやすく、食べやすいのが特徴です。
また、口をつける飲み口やふた、パッキンが取り外せて
洗えるタイプを選べば、衛生面もしっかり管理できます。

ふたキャップ
洗っても傷がつきにくいものを選ぶこと。

スプーン&ふた
写真のようにスプーンをコンパクトに収納できると、置き場所に困らない。

飲み口
取り外しができて洗えるものを選ぶと、衛生的。

本体
口が広く、スプーンですくって食べやすい大きさがマスト。

市販のスープジャーケースを使うと、さらに保温力がアップ。

```
商品名：フードポットスプーン付300ml
容　量：300ml
保温効力：83度以上（1時間）、54度以上（6時間）
本体寸法：約直径90mm×高さ112mm
口　径：直径70mm
重　量：約255g
問い合わせ：ドウシシャ　TEL：0120-104-481
http://www.do-cooking.com
```

Column 1

料理がもっとおいしくなる！
かつおだしのとり方

忙しい日は、顆粒のインスタントだしでも十分ですが、
みそ汁などシンプルな汁物を作るときは、
できれば自分でだしをとってみてください。口に近づけるだけでふわっと香りが広がり、味の深みもだんぜん違います。

材料（約4カップ分）
削りがつお……ひとつかみ（12g）　　水……4 ¼ カップ

作り方

1

鍋に水を入れ、沸騰させる。

2

削りがつおを入れる。

3

さっと混ぜて、弱火にし、1分間加熱する。

4

ボウルにざるを重ね、**3**をこす。こし終ったかつおはよく絞る。

Chapter 1

お腹も満足！
元気が出る
おかずスープ

育ち盛りのこどもでも満足できる、食べごたえのあるスープや、
あまりスープが得意ではないこどもも喜ぶような
レシピを紹介します。

Chapter 1 | お腹も満足！元気が出るおかずスープ

こどもが大好きなソーセージの入ったボリューム満点スープ
ソーセージポトフ
✚ 卵ときゅうりのサンドイッチ

ソーセージのうまみがスープに出るので、香りもよく、食欲をそそります。具材を大きめに切ることで食べごたえもあり、お腹も満足します。

材料（1人分）
ウインナーソーセージ……2本
玉ねぎ……1/2個（20g）
キャベツ……1/2枚（30g）
にんじん……1/6本（20g）
塩・こしょう……各少量
A ┌ 水……2カップ
　└ コンソメスープの素（顆粒）……小さじ1/2
卵ときゅうりのサンドイッチ（P.90参照）……適量

作り方
1　玉ねぎは縦1cm幅に、キャベツは3cm角に切り、にんじんは薄い輪切りにする。ウインナーソーセージは斜めに切り込みを入れる。

2　鍋に**A**、**1**の玉ねぎ、にんじんを入れて火にかける。煮立ったら弱火にし、ふたをして5分煮る。

3　**2**に**1**のキャベツ、ウインナーソーセージを加えて5分煮る。塩、こしょうで味をととのえ、火を止める。

4　熱いうちにジャーに移す。

元気が出る食材メモ

玉ねぎ
玉ねぎに多く含まれるうまみ成分のグルタミン酸は、肉や魚をおいしくしてくれます。また、硫化アリルという成分には、胃の働きを助け、食欲を増進させる作用も。殺菌力が高いのもお弁当にうれしい。

Chapter 1

お腹も満足！元気が出るおかずスープ

トマトのほどよい酸味が食欲をそそる
ミネストローネスープ
➕ ロールパン

マカロニを入れすぎるとふやけて増量しすぎてしまうので注意しましょう。マカロニのかわりにスパゲティの麺を折って入れてもおいしいですよ。

材料（1人分）

- ベーコン……1枚（約12g）
- 玉ねぎ……⅛個（30g）
- セロリ……½本（10g）
- さやいんげん……2本
- ミニトマト……2個
- マカロニ（細いもの）……5g
- オリーブ油……小さじ1
- 塩・こしょう……各適量
- A ┌ 水……1½カップ
　　└ コンソメスープの素（顆粒）……小さじ½
- ロールパン……適量

作り方

1. ベーコン、玉ねぎ、セロリは1cm角に、さやいんげんはすじを取って1cm長さに、ミニトマトは8等分に切る。

2. 鍋にオリーブ油を熱し、**1**のミニトマト以外を中火で軽く炒め、ミニトマト、**A**を加える。煮立ったら弱火にし、ふたをして10分煮る。

3. マカロニを加えて堅めに煮て、塩、こしょうで味をととのえ、火を止める。

4. 熱いうちにジャーに移す。

元気が出る食材メモ
ベーコン
ベーコンにはビタミンB群が豊富に含まれるので、疲労を回復したり、神経を落ち着かせる効果があります。また、体の隅々に酸素を供給する手助けをしてくれる鉄分も含まれています。

Chapter 1

お腹も満足！
元気が出るおかずスープ

20

玉ねぎの香ばしい香りと甘さがおいしさの決め手
オニオングラタンスープ
✚チーズトースト

玉ねぎは長時間炒めなくても、電子レンジの下ごしらえで十分おいしく作れます。
チーズトーストを入れて食べると、ほどよく味が溶け合って、
さらにコクのある味わいに。

材料（1人分）
玉ねぎ……1/3個（80g）
バター……小さじ2
塩・こしょう……各適量
A ┌ 水……2カップ
  │ コンソメスープの素（顆粒）
  └ ……小さじ1/2

〈チーズトースト〉
食パン（8枚切り）……2/3枚
ピザ用チーズ……15g

作り方
1 玉ねぎは縦に薄切りにして耐熱容器に入れ、電子レンジで2分加熱して水気を絞る。

2 鍋にバターを入れて弱火で溶かし、1を軽く炒め、弱火にしてふたをし、6～7分蒸し焼きにする。

3 濃い茶色になったらAを加えて中火にし、煮立ったら弱火にしてふたをし、5分煮る。塩、こしょうで味をととのえ、火を止める。

4 熱いうちにジャーに移す。

5 食パンは耳を切り落とし、3cm角に切ってピザ用チーズをのせ、オーブントースターでこんがり焼く。

6 食べるときにジャーにチーズトーストを入れる。

元気が出る食材メモ
チーズ
乳製品はタンパク質が多く、体温を上げる食材なので、間食などでとるとエネルギッシュに活動することができます。腹持ちもいいので、小腹が空いたときなどにもつまむといいでしょう。

Chapter 1

お腹も満足！
元気が出るおかずスープ

半熟の卵を混ぜて食べるとマイルドな味わいに
沖縄風みそ汁
+ 塩おにぎり

沖縄で食べた卵をそのまま入れたみそ汁がおいしくて作ってみました。卵をゆでるときは、弱火にして、そっと鍋に入れるのがコツです。

材料（1人分）
ほうれん草……1株(40g)
もやし……1/6袋(40g)
玉ねぎ(薄切り)……1/24個(10g)
卵……1個
だし汁……1 1/2カップ
みそ……大さじ1
塩……少量
〈塩おにぎり〉
ご飯……120g
塩……少々

作り方
1. 小鍋に湯を沸かし、塩を加えて弱火にする。小皿に卵を割り入れ、そっと鍋に入れ、白身を寄せて3〜4分ゆで、取り出す。湯は捨てない。

2. 1の鍋でほうれん草をさっとゆでて水にとり、水気を絞って4cm長さに切る。

3. 鍋にだし汁、もやし、玉ねぎを入れて火にかけ、煮立ったら弱火にしてふたをし、玉ねぎが柔らかくなるまで煮る。みそを溶き入れ、1、2を加えてひと煮立ちさせ、火を止める。

4. 熱いうちにジャーに移す。

5. 炊きたてのご飯を2等分し、塩おにぎりを作る。

元気が出る食材メモ
白米
腹持ちがいい白米は、消化されるときに脳の栄養源のブドウ糖になりやすい。また、パンや麺よりも噛む回数が増えるので、食事の満足度も上がります。お腹が空きやすいこどもの強い味方。

Chapter 1 | お腹も満足！元気が出るおかずスープ

つるっとした食感のすいとんでお腹も満足
すいとん

すいとんとは、小麦粉のだんごが入った汁のこと。かぼちゃがスープに煮溶けて具材にからむと、さらにこくが出ます。

元気が出る食材メモ
かぼちゃ
かぼちゃに含まれるベータカロテンには、外から侵入してくるウイルスを撃退してくれるなど、体の粘膜や細胞の免疫力を高める働きがあります。抗酸化作用も高いので、積極的にとりたい野菜のひとつです。

材料（1人分）
鶏もも肉……40g
大根……薄切り2枚（30g）
にんじん……1/6本（20g）
かぼちゃ
　……4cm角1切れ（30g）
だし汁……2カップ
A「薄力粉……大さじ2
 　水……大さじ1
B「しょうゆ……小さじ1/2
 　塩……少量

作り方

1 大根は薄めのいちょう切りに、にんじんは薄めの半月切りに、かぼちゃは1cm厚さにする。鶏もも肉は2cm角に切る。

2 ボウルに**A**を入れて菜ばしで均一になるまで混ぜる。

3 鍋にだし汁、**1**の鶏もも肉を入れて火にかけ、煮立ったら残りの**1**を加えて再び煮立てる。弱火にしてふたをし、10分煮る。

4 ティースプーンを濡らしながら、**2**を1杯ずつすくって**3**に加える。ふたをして弱火で5分煮て、**B**を加えて味をととのえ、火を止める。

5 熱いうちにジャーに移す。

練りものから出るだしの濃厚なうまみが美味
おでん風スープ

ちくわ、さつまあげ、じゃがいもなど、おなじみのおでん具材と和風だしの味つけで、煮込まずにさっと作れるおでんです。

> **元気が出る食材メモ**
> **じゃがいも**
> 長時間の運動による筋肉の痙攣（けいれん）を防ぐカリウムが含まれます。また、みかんと同量程度のビタミンCが含まれています。すぐに消化され、栄養素として吸収されやすく、健康を助けます。

材料（1人分）
ちくわ（小）……½本
さつまあげ（小）……½枚
大根（1cm厚さの半月切り）
　……2枚（40g）
じゃがいも……½個（60g）
A ┃ だし汁……2カップ
　┃ しょうゆ……小さじ1
　┃ みりん……小さじ1
　┃ 塩……小さじ¼

作り方
1　じゃがいもは1cm厚さに切り、大根とともに耐熱容器に入れ、水大さじ1（分量外）をふりかけ、電子レンジに2分かけて柔らかくする。

2　ちくわとさつまあげは一口大に切る。

3　鍋にAと1、2を入れて火にかけ、煮立ったら弱火にしてふたをし、10分煮て火を止める。

4　熱いうちにジャーに移す。

Chapter 1 お腹も満足！元気が出るおかずスープ

豚肉とだしの組み合わせでうまみがアップ
豚汁

食べごたえのある豚汁はこどもの人気メニューのひとつ。みそを最後に溶き入れると、風味が飛ばずに香りがしっかり残ります。

元気が出る食材メモ
豚肉
豚肉に多く含まれるビタミンB_1は、糖質を脳のエネルギーになるブドウ糖に分解してくれます。ビタミンB_1には、記憶力の低下を防ぎ、うつ病などを遠ざける働きがあります。

材料（1人分）
- 豚薄切り肉……1枚
- ごぼう……6cm
- 大根……薄切り2枚（30g）
- にんじん……1/2本（10g）
- 長ねぎ……2cm
- サラダ油……小さじ1/2
- だし汁……2カップ
- みそ……大さじ1

作り方

1 ごぼうはささがきにして水にさらし、ざるに上げて水気をきる。大根、にんじんは薄いいちょう切りにし、長ねぎは小口切りにする。豚薄切り肉は2cm幅に切る。

2 鍋にサラダ油を熱し、**1**の豚肉をさっと炒め、大根、にんじん、ごぼう、だし汁を加えて煮立てる。弱火にしてふたをし、10分煮る。

3 みそを溶き入れて混ぜ、**1**の長ねぎを加えて火を止める。

4 熱いうちにジャーに移す。

ごま油の風味が食欲をそそる

里いもの けんちん汁

> **元気が出る食材メモ**
> **里いも**
> 里いものぬめりには、免疫力を高める作用があり、そこに含まれるムチンという成分には、胃腸の働きを活発にする効果があります。なるべくぬめりを取らずに調理するのがポイントです。

肉を入れず、油で炒めた豆腐と野菜を入れるのがけんちん汁の特徴。里いもを入れるとボリュームもアップします。

材料（1人分）

- 里いも（冷凍）……3個
- ごぼう……6cm
- にんじん……1/6本（20g）
- 木綿豆腐……1/6丁
- 生しいたけ……1/2枚
- 細ねぎ……1/2本
- ごま油……小さじ2
- だし汁……2カップ
- A［しょうゆ……小さじ1/2
-   塩……小さじ1/4］

作り方

1. ごぼうはささがきにして水にさらし、ざるに上げて水気をきる。木綿豆腐は約2cm角にちぎってざるにのせ、水気を軽くきる。にんじんは3cm長さの短冊切りに、生しいたけは薄切りに、細ねぎは2cm長さに切る。

2. 鍋にごま油小さじ1を熱し、**1**のごぼう、にんじんを炒める。油が回ったら残りのごま油を回し入れ、豆腐、だし汁を加える。

3. 煮立ったら**1**の生しいたけ、里いもを冷凍のまま加えてふたをし、弱火にして10分煮る。**A**を加えて味をととのえ、**1**の細ねぎを加えて火を止める。

4. 熱いうちにジャーに移す。

Chapter 1 お腹も満足！元気が出るおかずスープ

ハムの塩気が効いた野菜たっぷり洋風スープ

キャベツとハムのスープ

ハム、キャベツ、じゃがいもの切り方を揃えて、見た目も美しくしました。食感がよくなり、味もよく染みます。

> **元気が出る食材メモ**
> **ハム**
> タンパク質がたっぷり含まれるハムには、疲労を回復させる効果があります。ビタミンB_1、B_2、鉄なども含まれているので、神経を落ち着かせたり、貧血予防などの作用が期待できます。

材料（1人分）
- キャベツ……1/2枚（30g）
- ハム……2枚
- じゃがいも……1/4個（30g）
- 塩・こしょう……各少量
- A 水……1 1/2カップ
- A コンソメスープの素（顆粒）……小さじ1/2

作り方

1. キャベツは4cm長さ8mm幅に、じゃがいもは4cm長さ7mm角に切る。ハムは4cm長さの細切りにする。

2. 鍋にA、1を入れて火にかけ、煮立ったら弱火にし、ふたをしてじゃがいもが柔らかくなるまで8～10分煮る。塩、こしょうで味をととのえ、火を止める。

3. 熱いうちにジャーに移す。

コーンの甘みと食感を楽しむ
ベーコンとコーンのチャウダー

元気が出る食材メモ
コーン
コーンは食物繊維が豊富で、さつまいもの4倍も含まれます。整腸作用もあり、便秘のときに食べると効果を発揮します。血行促進の効果もあるので、冷え症も改善してくれます。

玉ねぎを炒め入れながら作るクリームソースなので、ダマになりにくく失敗しません。ベーコンの塩気と香りが味のアクセントになるクリーム味のスープです。

材料（1人分）
ベーコン……1枚（12g）
玉ねぎ……1/8個（30g）
にんじん……1/2本（10g）
ホールコーン（缶）
　……40g
バター……小さじ1
薄力粉……小さじ2
A［水……1カップ
　コンソメスープの素（顆粒）
　……小さじ1/2 ］
牛乳……1カップ
塩・こしょう……各少量
パセリ（みじん切り）……少量

作り方

1　ベーコン、玉ねぎは1cm角に、にんじんは5mm角に切る。

2　鍋にバターを入れて弱火にかけて溶かし、**1**のベーコン、玉ねぎを炒める。玉ねぎが透明になったら薄力粉をふりかけ、炒め混ぜる。

3　**A**を加えて中火にして煮立て、**1**のにんじん、ホールコーンを加える。弱火にしてときどき混ぜながらふたをし、10分煮る。

4　牛乳を加えて1分煮て、塩、こしょうで味をととのえ、火を止めてパセリを散らす。

5　熱いうちにジャーに移す。

Chapter 1 | お腹も満足！元気が出るおかずスープ

ピリ辛味で体もぽかぽか温まる
牛肉と豆腐のチゲ

調理のポイントは、先に肉をしょうゆとごま油でからめておくこと。こうすることで肉にしっかり味がつきます。キムチの量で辛さを調節しましょう。

元気が出る食材メモ
キムチ
キムチに含まれる乳酸菌は、腸内の有害細菌の増殖を抑える働きがあり、腸内環境をととのえてくれます。また、生の白菜、大根、にんじんが入っているのでビタミンCを効率よく摂取することができます。

材料（1人分）
牛こま切れ肉……30g
白菜キムチ……10g
絹ごし豆腐……1/6丁
長ねぎ……3cm
塩……少量
A ┌ ごま油……小さじ1
  └ しょうゆ……小さじ1
B ┌ 鶏がらスープの素（顆粒）
  │   ……小さじ1/2
  └ 水……1 1/2カップ

作り方
1. 牛こま切れ肉は2〜3cm幅に切り、**A**をまぶす。絹ごし豆腐は約2cm角程度にちぎり、ざるにのせて軽く水気をきる。長ねぎは斜め薄切りにする。白菜キムチは2cm幅に切る。

2. 鍋を軽く熱し**1**の牛肉を炒め、ほぼ色が変わったら**B**、豆腐、白菜キムチを加える。煮立ったら弱火にし、ふたをして4分煮る。

3. **2**に**1**の長ねぎを入れて1分煮て、塩で味をととのえて火を止める。

4. 熱いうちにジャーに移す。

ふんわりとした卵とチーズの風味が好相性
卵とチーズのスープ

パン粉を入れることで、味と食感に柔らかさが出ます。ほうれん草、ミニトマトなど、火の通りやすい野菜を一緒に入れてもOK。

元気が出る食材メモ
卵
卵は、タンパク質、脂質、カルシウム、鉄などの必須栄養素をバランスよく含んだ「完全栄養食」です。卵に含まれるコリンを多く摂取したところ、学習能力がアップしたという研究もあります。

材料（1人分）
卵……1個
パセリ（みじん切り）……少量
塩・こしょう……各少量
A ┌ 粉チーズ……大さじ1
　└ パン粉……大さじ1
B ┌ 水……1 ½カップ
　└ コンソメスープの素（顆粒）……小さじ½

作り方
1　ボウルに卵をときほぐし、**A**を加えて混ぜる。

2　鍋に**B**を入れて火にかけ、煮立ったら**1**を一度に加え手早く混ぜる。再び煮立ったら塩、こしょうで味をととのえ、火を止めてパセリを散らす。

3　熱いうちにジャーに移す。

Chapter 1 お腹も満足！元気が出るおかずスープ

酸味も辛さも控えめだからこどもにOK

辛くない スワンラータン

> **元気が出る食材メモ**
> **豆腐**
> 豆腐にはタンパク質が豊富に含まれているので、健康食としてもよく知られています。さらに、カルシウムも多いので、骨や歯を強くしてくれます。カルシウムにはイライラを抑えてくれる効果もあります。

ほんの少量でも、ラー油を入れるとコクが出ます。鶏がらだしとの相性も抜群。
キャベツに火が通ればできあがり、の簡単手間いらずなスープです。

材料（1人分）

- トマト……1/6個
- 絹ごし豆腐……1/8丁
- キャベツ……1/4枚（15g）
- A ┌ 水……1 1/4カップ
　　│ 鶏がらスープの素（顆粒）
　　└ ……小さじ1/2
- ラー油（ごま油でも可）
　……1〜2滴
- 塩……少量

作り方

1 トマトは1cm角に、キャベツと絹ごし豆腐は5mm角に切る。

2 鍋にAを入れて火にかけ、煮立ったら1を入れる。再び煮立ったら弱火にし、ふたをして5分煮る。塩で味をととのえ、ラー油を加えて火を止める。

3 熱いうちにジャーに移す。

鶏ささ身のだしが上品な味わい
春雨スープ

食材を細切りにして春雨に合わせると、つるっとした食感と心地いいのどごしが楽しめます。油を使っていないので、あっさり、さっぱり味に。

元気が出る食材メモ
春雨
春雨には炭水化物が多く含まれており、カルシウム、カリウムの効果と相まって、夏バテなどの疲労回復、食欲増進に効果的です。むくみを予防・解消してくれる働きもあるのがうれしいですね。

材料（1人分）
春雨（乾燥）……5g
鶏ささ身……30g
白菜……1/3枚（30g）
にんじん……1/2本（10g）
塩・こしょう……各少量
A ┌ 水……1 1/2カップ
　└ 鶏がらスープの素（顆粒）
　　……小さじ1

作り方

1 春雨は湯に3分浸してもどし、4cm長さに切る。

2 白菜、にんじんは4cm長さのせん切りにする。鶏ささ身はすじを取り除いて細切りにする。

3 鍋にAを入れて2のささ身をほぐし入れて火にかけ、煮立ったら残りの2と1を加え、再び煮立ったらふたをし、弱火にして7〜8分煮る。塩、こしょうを加えて味をととのえ、火を止める。

4 熱いうちにジャーに移す。

Column 2

野菜がおいしくなる！
ゆで時間の目安

野菜をおいしくゆでるコツは、キッチンタイマーを使ってそれぞれのゆで時間を守ることです。上手にゆでた野菜は、甘みやうまみが引き出され、味はもちろん歯ごたえも香りもバッチリ。
野菜嫌いなお子さんに、これを機会に野菜好きに変身してもらいましょう！

ゆで時間の目安　※沸騰後のお湯に入れた場合の時間です。

ほうれん草 1min
春菊 1min
アスパラガス 2min

● POINT　ゆでるときはふたをせず、ゆで上がったら冷水にとって冷ますと色よくゆでられます。

さやいんげん 2min
ブロッコリー 2min
枝豆 6〜7min

● POINT　ゆでる前に塩を少し多めにふってもみ込み、熱湯からゆでると塩味が染み込みます。

とうもろこし 7〜8min

● POINT　ラップをかけて冷ますと、冷めても表面が乾かず、ゆでたての食感を保ちます。

じゃがいも
一口大 14〜15min
丸ごと 30〜40min

Chapter 2

ぽかぽかあったか
体にやさしい
スープ

温かい食事は、心も体もやさしくほぐしてくれます。
勉強やスポーツの合間に食べられるように、疲れた体にスッと
染みわたる、滋養たっぷりの具材を使ったスープを揃えました。

Chapter 2 ぽかぽかあったか 体にやさしいスープ

コーン、玉ねぎの素材本来の味が生きる

コーンポタージュ
✚ホットドッグ

コーンの甘みが口の中いっぱいに広がる、こどもが大好きな定番スープ。
あえて裏ごしせず、つぶ感を残しているのがポイント。食べごたえもあります。

材料（1人分）
玉ねぎ……⅛個（30g）
バター……小さじ2
薄力粉……小さじ1
A ┃ 水……1 ½カップ
　　┃ コンソメスープの素（顆粒）……小さじ½

コーンクリーム（缶）……100g
牛乳……1カップ
塩・こしょう……各少量
ホットドッグ（P.94参照）……適量

作り方

1. 玉ねぎはみじん切りにする。

2. 鍋にバターを入れ、弱火にかけて溶かし、1を炒める。玉ねぎが透き通ったら、薄力粉をふりかけて軽く炒め、コーンクリームを加えて混ぜ、Aを加えて溶きのばす。

3. 2が煮立ったら弱火にし、焦げないようにときどきへらで鍋底をこすり混ぜながら、ふたをして10分煮る。

4. 牛乳を加えて混ぜ、1分煮る。塩、こしょうで味をととのえ、火を止める。

5. 熱いうちにジャーに移す。

体にやさしい食材メモ

牛乳

牛乳といえばカルシウム含有量がずば抜けて多いのが特徴です。さらに、カルシウムの吸収を助けるタンパク質が豊富なので、体に吸収されやすいのが牛乳のすごいところなのです。

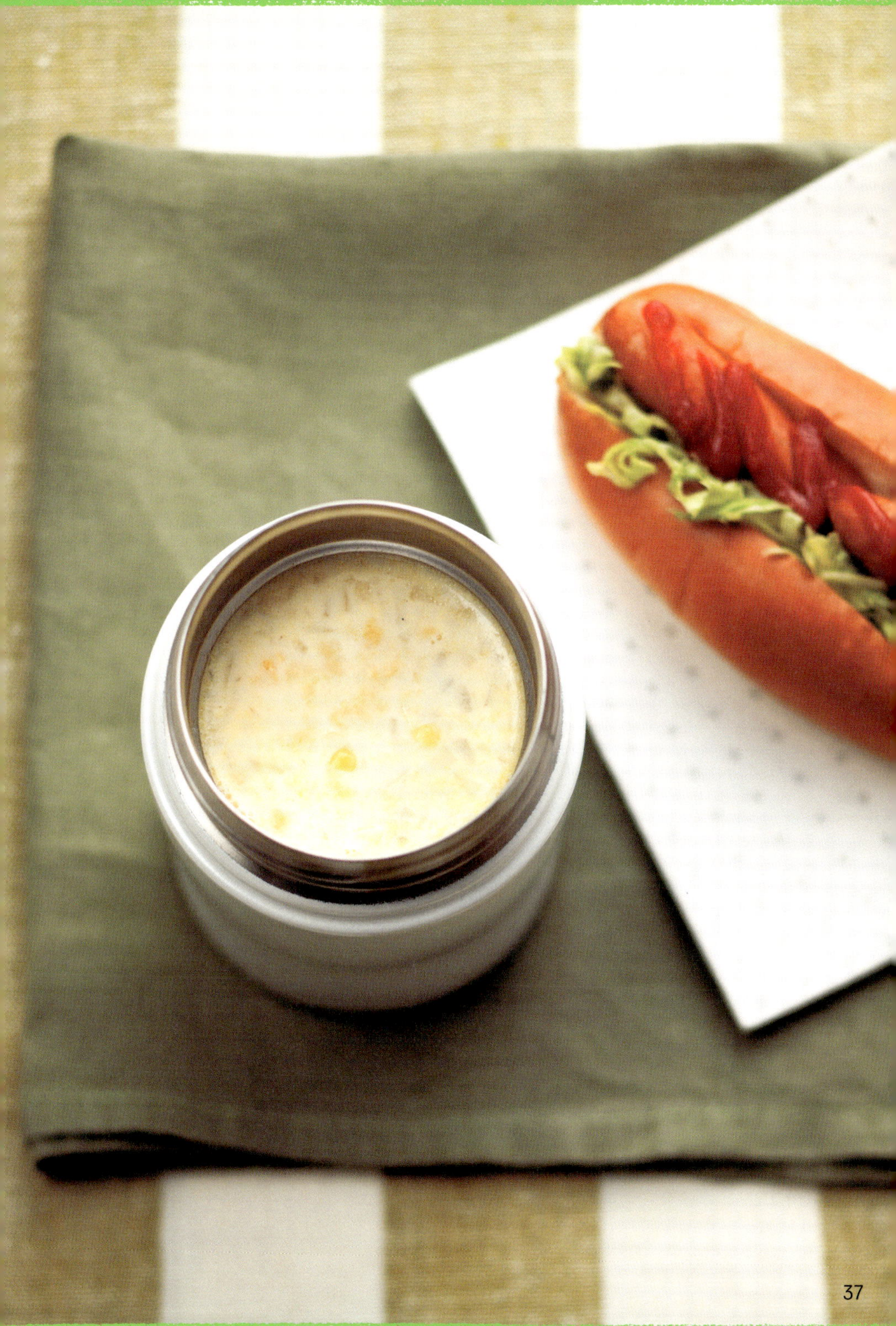

Chapter 2 ぽかぽかあったか 体にやさしいスープ

トマトの酸味とふんわり卵が絶妙なハーモニー

卵とトマトのスープ
＋のり弁当

卵を油で炒めるとコクが出ます。
炒めた卵を入れたスープをジャーで保温しておくだけで、
じっくりじんわりと、いいだしが出てきます。

材料（1人分）
とき卵……1個分
トマト……½個
長ねぎ（せん切り）……少量
サラダ油……小さじ1
塩・こしょう……各少量

A｜水……1 ¼カップ
　｜鶏がらスープの素（顆粒）……小さじ½
B｜片栗粉……小さじ½
　｜水……小さじ2

のり弁当（P.93参照）……適量

作り方

1　トマトは1cm角に切る。

2　鍋にサラダ油を熱して中火にし、とき卵を一気に加え、ふわっとふくらんだら菜ばしで混ぜ、粗くほぐす。**A**、**1**を加えて煮立たせ、塩、こしょうで味をととのえる。

3　小さなボウルに**B**を合わせ混ぜ、スープを混ぜながら加えてとろみをつける。長ねぎを加えて火を止める。

4　熱いうちにジャーに移す。

体にやさしい食材メモ

トマト

トマトには、リコピンという抗酸化物質が豊富に含まれているので、健康効果が注目されています。また、運動前に食べると、血中の疲労物質の増加が抑えられる効果もあるとか。

39

Chapter 2 | ぽかぽかあったか 体にやさしいスープ

鮭から出るだしがやさしい味に
鮭と根菜のスープ
➕ わかめとゆかりのおにぎり

塩鮭から出る天然のだしとほどよい塩気、
野菜から出るうまみ成分で、ほとんど味つけはいりません。
鮭の骨は取ってから料理してあげてくださいね。

材料（1人分）
甘塩鮭（切り身）……1/3切れ
大根……薄切り3枚（50g）
にんじん……1/6本（20g）
白菜……1/3枚（30g）
水……2カップ
塩……少量

〈わかめとゆかりのおにぎり〉
ご飯……100g
わかめふりかけ……適量
ゆかり……適量

作り方

1 大根、にんじんは薄い半月切りに、白菜は2cm角に切る。甘塩鮭は骨を除き、2cm角に切る。

2 鍋に1の鮭、水を入れて火にかけ、煮立ったら弱火にしてあくをすくう。残りの1を加え、ふたをして10分煮る。塩で味をととのえ、火を止める。

3 熱いうちにジャーに移す。

4 炊きたてのご飯を2等分し、おにぎりを作る。それぞれにわかめふりかけ、ゆかりをまぶす。

体にやさしい食材メモ
鮭
消化・吸収のよいタンパク質に富み、エイコサペンタエン酸（EPA）、ドコサヘキサエン酸（DHA）を含む鮭は、脳の細胞を活性化し、記憶力や頭の回転など脳機能の手助けをしてくれます。

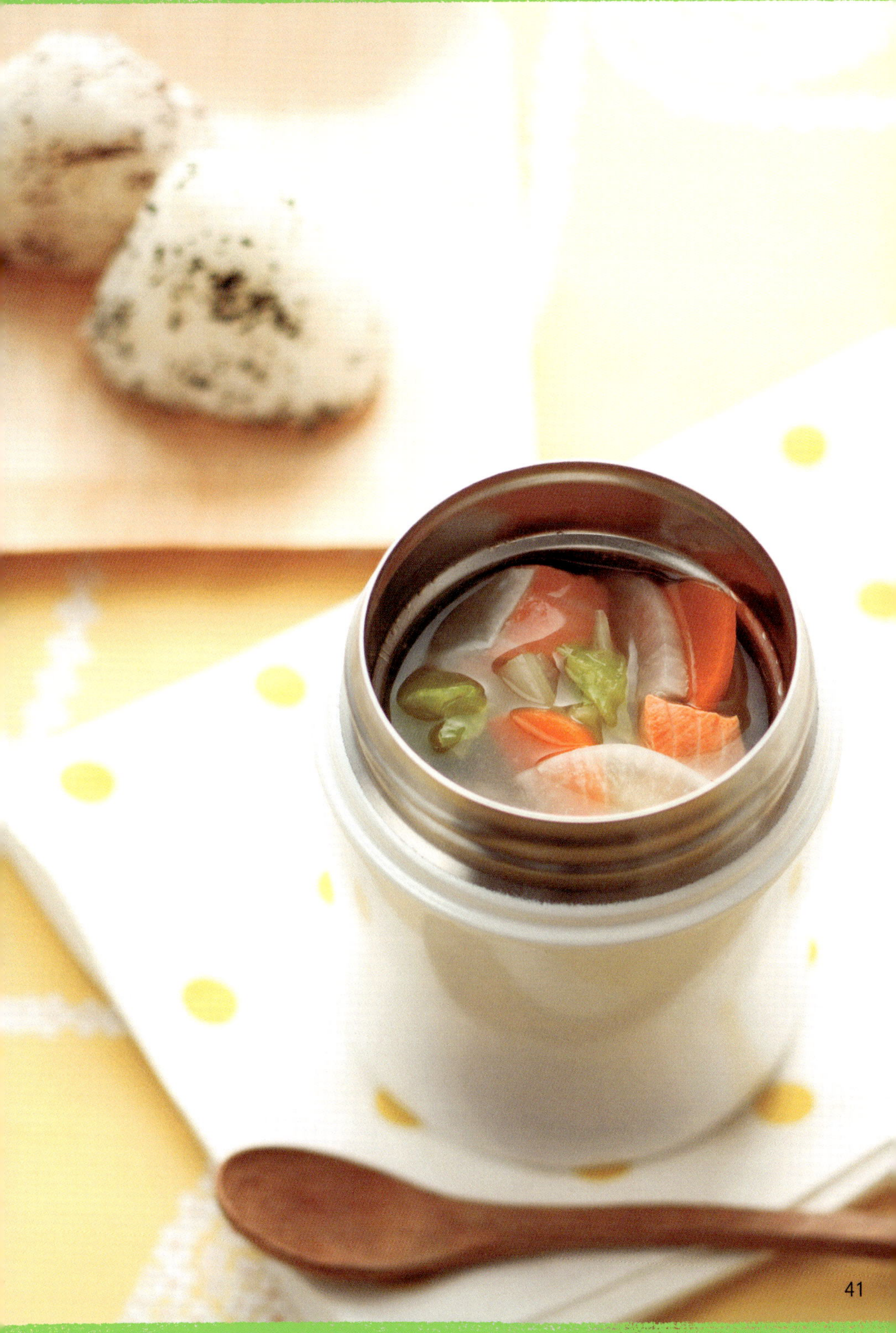

Chapter 2 | ぽかぽかあったか
体にやさしいスープ

帆立貝のエキスがたっぷり
帆立のクリームスープ
➕パン

スープに少しとろみを出すことによって、帆立のうまみを生かしています。
玉ねぎはよく煮て火を通し、柔らかくするのがポイント。
帆立貝は最後に入れるだけで十分にだしが出ます。

材料（1人分）

帆立貝（ボイル）……小3個（25g）
玉ねぎ……⅛個（30g）
ブロッコリー……3房（30g）
バター……小さじ1
薄力粉……小さじ2

A ┌ 水……1カップ
　└ コンソメスープの素（顆粒）……小さじ½
牛乳……¾カップ
塩・こしょう……各適量
パン（好みで）……適量

作り方

1　玉ねぎは1cm角に切り、ブロッコリーは小房に分ける。帆立貝は大きければ切る。

2　鍋にバターを入れ、弱火で溶かし、1の玉ねぎを加えて炒める。玉ねぎが透き通ったら薄力粉をふり入れ、軽く炒める。Aを加えて煮立て、ふたをずらしてのせ、弱火で10分煮る。

3　牛乳、1のブロッコリーと帆立貝を加えて3分煮る。塩、こしょうで味をととのえて火を止める。

4　熱いうちにジャーに移す。

体にやさしい食材メモ

帆立貝

帆立貝に含まれるタウリンは、目の疲れを取り、視力低下を防止してくれます。また、血中コレステロール値を低くし、気管支ぜんそくを改善してくれる働きもあります。

43

Chapter 2 ぽかぽかあったか 体にやさしいスープ

野菜を蒸し焼きにしてうまみを閉じ込める
焼き野菜のみそ汁

野菜は焼きつけることで、香ばしく仕上げることができ、煮くずれを防ぎます。火が早く通って煮込み時間の短縮にもなります。

体にやさしい食材メモ
オクラ
オクラにはカリウムが含まれていて、体内のナトリウム（塩分）を排出してくれる効果があります。また、オクラのぬめりには整腸作用があり、お腹の調子をととのえてくれます。

材料（1人分）
かぼちゃ
　……4cm角1切れ（30g）
にんじん……¼本（30g）
オクラ……2本
だし汁……1¼カップ
みそ……小さじ2
サラダ油……小さじ1

作り方
1 かぼちゃは5mm厚さに、オクラは横半分に切る。にんじんは3mm厚さの輪切りにする。

2 フライパンにサラダ油を熱し、**1**を並べてふたをし、弱火で4〜5分竹串がすっと通るまで焼く。

3 鍋にだし汁を煮立たせ、**2**を加え、みそを溶き入れて混ぜ、ひと煮立ちして火を止める。

4 熱いうちにジャーに移す。

シンプルだからだしの深みが味わえる
かきたま汁

汁を混ぜながら片栗粉を入れるとダマになりにくくなります。とき卵は、とろみをつけたあとで入れると、ふわっと広がって柔らかくきれいに仕上がります。

体にやさしい食材メモ
ほうれん草

緑黄色野菜の王様といわれるほうれん草には、ビタミンA、ビタミンC、日本人に不足しがちなビタミンB₁、B₂、B₆も豊富です。鉄分、カルシウム、ヨードなども含まれていて、まさに栄養素の宝庫。

材料（1人分）
とき卵……1/2個分
ほうれん草……1/2株（20g）
A ┌ だし汁……1 1/4カップ
  │ しょうゆ……小さじ1/2
  └ 塩……小さじ1/6
B ┌ 片栗粉……小さじ1/2
  └ 水……小さじ1

作り方
1 鍋に湯を沸かし、ほうれん草を1分ゆでて水にとり、水気を絞って2cm長さに切る。

2 鍋にAを入れて火にかけ、煮立つ手前まで温める。小さなボウルにBを合わせて混ぜ、鍋の汁を混ぜながら加えて煮立て、とろみをつける。

3 とき卵を細く回し入れ、1を加えてひと煮立ちさせ、火を止める。

4 熱いうちにジャーに移す。

Chapter 2 ぽかぽかあったか 体にやさしいスープ

定番だからこそのほっとする味わい
シンプルみそ汁

みそ、油揚げ、豆腐と大豆食品が揃った黄金の組み合わせがこれ。栄養価の高い大豆を、こどもにもたくさん食べさせたいときは、ぜひこのみそ汁を作ってあげてください。

> **体にやさしい食材メモ**
> ### 細ねぎ
> ねぎは冷えた体を温めるので、疲労回復に効果が抜群。風邪をひいたときにはこのシンプルみそ汁に、しょうがを少し入れるだけで、免疫力を高めて風邪を追い出してくれます。

材料（1人分）
油揚げ……¼枚
豆腐……⅛丁
細ねぎ（斜め薄切り）……½本分
だし汁……1¼カップ
みそ……小さじ2〜大さじ1

作り方
1. 油揚げは4cm長さ1cm幅に、豆腐は1cm角に切る。
2. 鍋にだし汁を入れて火にかけ、煮立ったら1を加えてひと煮立ちさせる。みそを溶き入れて混ぜ、煮立て細ねぎを加え、火を止める。
3. 熱いうちにジャーに移す。

豆乳の自然な甘さがまろやかな味に仕立てる

アスパラの豆乳ポタージュ

アスパラを柔らかくゆでることで青臭さがなくなり、アスパラ本来の味が引き出されます。

体にやさしい食材メモ

グリーンアスパラガス

グリーンアスパラガスには、健康ドリンクにも使われるアスパラギン酸が多く含まれます。アスパラギン酸には、糖質の代謝を促して疲労を回復する効果があります。また、貧血を予防してくれます。

材料（1人分）

- グリーンアスパラガス……2本
- バター……小さじ½
- 塩・こしょう……各少量
- A
  - 豆乳（無調整）……1カップ
  - 水……¼カップ
  - コンソメスープの素（顆粒）……小さじ½
- B
  - 片栗粉……小さじ½
  - 水……小さじ1

作り方

1. グリーンアスパラガスは皮むき器で根元の堅い皮をむき、3等分する。熱湯で3分ほど柔らかくゆでる。ざるに上げて水気をきったら、薄切りにし、目の細かいざるかこし器でこす。

2. 鍋にAを入れて火にかけ、煮立つ直前まで温め、1、バターを加える。

3. 小さなボウルにBを入れて混ぜ、2のスープを混ぜながら加えてとろみをつける。塩、こしょうで味をととのえ、火を止める。

4. 熱いうちにジャーに移す。

Chapter 2 | ぽかぽかあったか
体にやさしいスープ

少しとろみのついた卵の食感が楽しい

コーンと卵のスープ

中華料理店でよく出てくる鶏がらだしのきいたスープ。しっかり味なので、ご飯とよく合います。

体にやさしい食材メモ
片栗粉
片栗粉には、食欲を増進させ、消化吸収を高める働きがあります。また、うまみを閉じ込め、食材に弾力がついて食感がよくなるというプラス効果も見逃せません。

材料（1人分）
とき卵……½個分
細ねぎ（小口切り）……½本分
塩・こしょう……各少量
A ┌ 片栗粉……小さじ1
　└ 水……小さじ2
B ┌ コーンクリーム（缶）
　│　　……50g
　│ 水……1¼カップ
　└ 鶏がらスープの素（顆粒）
　　　……小さじ1

作り方

1 小さなボウルに**A**を合わせておく。

2 鍋に**B**を入れて混ぜ、中火にかけて煮立てる。**1**を混ぜながら加えてとろみをつける。とき卵を細く回し入れ、塩、こしょうで味をととのえ、細ねぎを加えて火を止める。

3 熱いうちにジャーに移す。

野菜がたくさん味わえて食べごたえ満点
野菜のごった煮スープ

野菜の大きさがバラバラなのは、火の通りを均一にするため。基本の野菜を使ったシンプルスープ。

体にやさしい食材メモ
にんじん
にんじんに豊富に含まれるカロテンは、体内で分解されビタミンAになります。生で食べるよりゆでたり、油で炒めたりするほうが吸収率がアップ。カロテンはのどや鼻の粘膜を強くし、細菌に対して免疫力を高めます。

材料（1人分）
- じゃがいも……½個（60g）
- キャベツ……約1枚（50g）
- にんじん……⅙本（20g）
- 玉ねぎ……½個（20g）
- 塩・こしょう……各少量
- A ┌ 水……2カップ
　　└ コンソメスープの素（顆粒）……小さじ½

作り方

1. じゃがいもは3cm長さ1cm角に、キャベツは3cm長さ1cm幅に、にんじんは3cm長さ5mm幅に切る。玉ねぎは繊維を断つように薄切りにする。

2. 鍋にA、1を入れて火にかけ、煮立ったら弱火にしてふたをし、12〜13分煮る。塩、こしょうで味をととのえ、火を止める。

3. 熱いうちにジャーに移す。

Chapter 2 | ぽかぽかあったか
体にやさしいスープ

すぐできあがる簡単スープ
せん切り野菜の
コンソメスープ

たくさん野菜を入れすぎると水分が出て、味がばらけてしまいます。スープの分量と合った量の具材を入れるのがおいしく作るコツ。

体にやさしい食材メモ
キャベツ
キャベツには、外側の緑色が濃い葉や芯の周辺部分にビタミンCが多く含まれています。また、キャベジンといわれる成分は、潰瘍（かいよう）などを治癒する作用が強く、胃腸薬の名前に使われるほどです。

材料（1人分）
キャベツ……1/2枚（30g）
玉ねぎ……1/6個（20g）
にんじん……1/12本（10g）
塩・こしょう……各適量
A［水……1 1/2カップ
　コンソメスープの素（顆粒）
　　……小さじ1］

作り方

1 キャベツ、にんじんは4cm長さのせん切りに、玉ねぎは薄切りにする。

2 鍋にAを入れて火にかけ、1を加えて煮立ててから弱火にし、ふたをして5分煮る。塩、こしょうで味をととのえ、火を止める。

3 熱いうちにジャーに移す。

きのこを数種類入れることでうまみがアップ
きのこのスープ

オリーブ油ときのこ類の相性はバッチリ。きのことオリーブ油それぞれのうまみが出て、風味豊かな味わいが楽しめます。

体にやさしい食材メモ
しめじ
店頭に並んでいるしめじは、ヒラタケとブナシメジが主となっています。ヒラタケにはビタミンB_1やナイアシンが多く含まれ、ブナシメジにはビタミンDや食物繊維が豊富と、それぞれ栄養素も少し違うのが特徴です。

材料（1人分）
- えのきたけ……¼袋（25g）
- しめじ……¼袋（25g）
- じゃがいも……½個（60g）
- オリーブ油……小さじ1
- 塩・こしょう……各少量
- A｜水……2カップ
- 　｜コンソメスープの素（顆粒）……小さじ½

作り方
1. えのきたけとしめじは石づきを切り落とし、えのきたけは3cm長さに切ってほぐす。しめじは1本ずつほぐす。じゃがいもは1cm角に切る。
2. 鍋にオリーブ油を熱し、**1**を軽く炒める。**A**を加えて煮立て、弱火にしてふたをし、10分煮る。塩、こしょうで味をととのえ、火を止める。
3. 熱いうちにジャーに移す。

Chapter 2 | ぽかぽかあったか
体にやさしいスープ

牛肉のうまみが味わい深い
わかめスープ

ごま油の風味が食欲をそそる韓国料理の定番。乾燥カットわかめは、先に水でもどすほうが柔らかくなり、おいしくいただけます。

体にやさしい食材メモ
わかめ
わかめに含まれるミネラル分のヨードには、新陳代謝を促し、甲状腺ホルモンの生成を助ける働きがあります。こどもの成長に欠かせない栄養素なので、積極的に取り入れてほしい食材。

材料（1人分）
カットわかめ（乾燥）
　……小さじ1
牛薄切り肉……1枚（20g）
長ねぎ（せん切り）……少量
白いりごま……少量
塩・こしょう……各少量
A ┌ ごま油……小さじ½
　│ しょうゆ……小さじ½
　└ 水……1¼カップ
B 鶏がらスープの素（顆粒）
　……小さじ½

作り方

1　カットわかめは水に浸してもどす。

2　牛薄切り肉は2cm幅に切り、**A**をからめる。

3　鍋を軽く熱し、**2**を中火でさっと炒め、**B**、**1**を加える。煮立ったら塩、こしょうで味をととのえ、長ねぎ、白いりごまを加え、ひと煮立ちしたら火を止める。

4　熱いうちにジャーに移す。

風邪気味のときに食べさせたい
鶏と白菜のスープ

ビタミンが豊富な白菜とタンパク質が豊富な鶏肉の組み合わせは、風邪予防の名コンビ。しょうがを入れることでさらに体が温まります。

体にやさしい食材メモ
白菜
ビタミンCが多いので、風邪の予防に効果を発揮します。カリウムも多く、体内の老廃物を排出する働きがあり、高血圧予防効果もあります。便秘解消にも一役買ってくれます。

材料（1人分）

鶏もも肉……40g
白菜……1/2枚（45g）
しょうが（薄切り）……2枚
長ねぎ（小口切り）……少量
塩・こしょう……各少量
A［ 水……1 3/4カップ
　　鶏がらスープの素（顆粒）
　　……小さじ1 ］

作り方

1 鶏もも肉は2cm角に、白菜は4cm長さ1cm幅に切る。

2 鍋にA、1の鶏肉としょうがを入れて中火にかけ、煮立ったら弱火にしてあくをすくう。

3 1の白菜を加えて弱火にし、ふたをして5分煮る。塩、こしょうで味をととのえ、長ねぎを加えてひと煮立ちしたら火を止める。

4 熱いうちにジャーに移す。

Column 3

朝ご飯は大切です

朝ご飯は体を目覚めさせ、栄養を行きわたらせる大切な食事。成長期のこどもには、必ず食べてほしいもの。でも、お母さんにとって朝は忙しいですから、前日のおかずをそのまま出したり、時間がなければ卵かけご飯だけの日があってもOK。わが家の場合、腹持ちもよく、パンより消化吸収の時間がゆっくりということで、こどもの朝食は必ずご飯食と決めていました。

わが家のある日の朝食献立

- ご飯
- みそ汁（小松菜、油揚げ）
- 鮭の焼き漬けと大根おろし

朝から元気!

材料（1人分）

〈ご飯〉
ご飯……茶碗1杯

〈みそ汁〉
小松菜……30g
油揚げ……1/8枚
だし汁……1カップ
みそ……小さじ2

〈鮭の焼き漬け〉
● 一人分の場合
生鮭……1/2切れ（50g）
しょうゆ……大さじ1/2
酒……大さじ1

● 作り置く場合
生鮭……2切れ（200g）
しょうゆ……大さじ1 1/2
酒……大さじ3

大根おろし……適宜

作り方

1. 小松菜は4cm長さに切る。油揚げは4cm長さ1cm幅に切る。鍋にだし汁を温め、小松菜と油揚げを入れて2～3分煮て、みそを溶き入れ、ひと煮立ちさせる。

2. 鮭は食べやすい大きさに切り、両面を焼く。ポリ袋にしょうゆと酒を合わせて鮭を入れ、10分漬ける。作り置く場合は一晩おく。皿に盛って漬け汁をかけ、大根をすりおろし、水気をきってそえる。

Chapter 3

たくさん作って
おいしいスープ

家族の夕飯を作って、こどものお弁当も作らなくてはいけない、そんな忙しいお母さんのために、どちらにも使えるレシピをアレンジしました。おかずとしてもボリューム満点なスープなので、家族にも喜ばれます。

Chapter 3 | たくさん作って おいしいスープ

あさりのうまみとベーコンのだしが詰まった
あさりのチャウダー

時間が経つほど味が染み出てくるので、翌日のお弁当にもピッタリのスープ。
あさりのうまみ、野菜のだしがたくさんスープに出ているので、
残さず飲んでほしいですね。

スープジャーには、あさりの殻を取って入れましょう。

材料（3～4人分）

あさり（殻つき）……200g	水……2カップ
玉ねぎ……小½個（100g）	バター……大さじ1 ½（20g）
セロリ……⅙本（20g）	薄力粉……大さじ2
じゃがいも……1個（120g）	牛乳……1 ½カップ
にんじん……½本（60g）	塩・こしょう……各少量
ベーコン……1枚（12g）	

作り方

1 ボウルに水2カップ（分量外）と塩小さじ2を入れて溶かし、あさりを入れて30分ほどおいて砂を吐かせる。調理直前にあさりの殻をこすり合わせて洗い、水とともに鍋に入れて火にかけ、殻が開くまでゆでてざるに上げる。ゆで汁は取っておく。

2 玉ねぎ、セロリ、じゃがいも、にんじん、ベーコンは1cm角に切る。

3 鍋にバターを入れ、弱火にかけて溶かし、2の玉ねぎ、セロリ、にんじん、ベーコンを入れて炒める。玉ねぎが透明になったら、薄力粉をふり入れて軽く炒める。

4 1のゆで汁を加え、煮立ったら弱火にして、ふたをずらしてのせ、5分煮る。2のじゃがいもを加えて、ふたをずらしてのせ、10分煮る。

5 牛乳とあさりを加えて1分煮て、塩、こしょうで味をととのえて火を止める。

6 ジャーに入れるときに温め直し、熱いうちに移す。

買い置きしておきたい食材
ベーコン
封をあけていなくても、必ず冷蔵か冷凍保存しましょう。ラップで包んで保存袋に入れ、冷蔵の場合は包みを開けてから3日、冷凍も1カ月以内に使い切りましょう。

Chapter 3 | たくさん作っておいしいスープ

ひき肉とキャベツのジューシーな味わい
ロールキャベツ

家族分を作るときに、スープジャー用の小さいロールキャベツを作っておくと便利。最後に楊枝を抜き忘れないように注意してください。

材料（3〜4人分）

合いびき肉……200g
キャベツ……中1個
玉ねぎ（みじん切り）
　……小½個分（100g）
A「パン粉……大さじ3
　 牛乳……大さじ3
B「水……4カップ
　 コンソメスープの素（顆粒）
　 　……小さじ2
　 ローリエ……1枚
パセリ（みじん切り）……少量
塩・こしょう……各適量

パセリはお好みで散らしてください。

作り方

1. キャベツは芯をくり抜く。深鍋にたっぷりの水を沸かし、くり抜いた部分を下にして丸ごとゆでる。自然に葉がはがれるので、破れないように取り出して軸をそぎ切る。

2. 小さなボウルにAを入れて軽く混ぜる。別のボウルに合いびき肉を入れ、塩小さじ⅔、こしょう少量を加えて粘りが出るまでよく混ぜる。Aと玉ねぎを加えて均一に混ぜる。

3. 2の¼量をお弁当用に4等分し、残りを6等分してそれぞれ丸める。

4. 1の小さな葉4枚に3のお弁当用のたねをそれぞれ巻き、巻き終わりを楊枝でとめる。1の大きな葉6枚の中心に小さな葉をのせて3の残りのたねをそれぞれ巻き、同様にとめる。

5. 鍋に4の巻き終わりを下にしてきっちり詰め、Bを加えて中火にかける。煮立ったら弱火にし、ふたをして30分煮る。

6. 塩、こしょうで味をととのえ、楊枝を抜いてスープとともに器に盛り、パセリを散らす。

7. ジャーに入れるときに温め直し、熱いうちに移す。

買い置きしておきたい食材

キャベツ

ビタミンCなど栄養素を豊富に含むキャベツは、生でもゆでてもおいしい葉物野菜のひとつ。芯の部分をくり抜き、濡らしたキッチンペーパーを詰め込んで、冷蔵庫で保存しましょう。

59

Chapter 3 | たくさん作って おいしいスープ

煮込むことでこってり濃厚なスープに

鶏のクリームシチュー

野菜を大きめにした、市販のルーを使わないシチュー。
とろみがついてくると焦げやすくなるので、鍋底をかくように、
こまめに混ぜることが調理のポイントです。

とろみで熱が冷めにくいので、スープジャーに最適。

材料（3〜4人分）
鶏もも肉……160g
玉ねぎ……小1個（200g）
にんじん……1本（120g）
じゃがいも（メークイン）
　……2個
ブロッコリー……1/3株（100g）
バター……30g
薄力粉……大さじ3
A［水……3カップ
　コンソメスープの素（顆粒）
　……小さじ2
　ローリエ……1枚］
牛乳……1カップ
塩・こしょう……各適量

作り方

1　玉ねぎは2cm角に切る。にんじんは5mm厚さの半月切りにする。じゃがいもは縦半分に切り、1.5cm厚さに切って、水にさらし、ざるに上げる。ブロッコリーは小房に分ける。鶏もも肉は3cm角に切って塩、こしょうをふる。

2　鍋にバターを入れ、弱火にかけて溶かし、1の鶏肉を中火で炒める。玉ねぎ、にんじんを加えてバターをからませるように炒め、弱火にして薄力粉をふり入れ、約1分よく炒め合わせる。

3　Aを加えて火を強め、均一に混ぜる。煮立ったら弱火にし、ふたをして10分煮る。1のじゃがいも、ブロッコリーを加え、ふたをして12〜13分煮る。

4　牛乳を加えて混ぜ、1分煮て、塩、こしょうで味をととのえて火を止める。

5　ジャーに入れるときに温め直し、熱いうちに移す。

買い置きしておきたい食材
にんじん

冬場は常温保存（2週間）、夏場は冷蔵保存（1週間）が適しています。水気がついていると傷みやすいので、しっかりふき取り、1本ずつラップなどにくるんで冷やしておきましょう。

Chapter 3 たくさん作っておいしいスープ

じっくり煮込んだ肉と野菜が味わい深い
ポトフ

時間をかけて煮込むことで、スープに栄養とうまみがたっぷり出ます。
時間はかかりますが、手間はかからないので、
煮込む合間に家事をこなしながら、料理をしてみては。

煮込めば煮込むほどおいしくなるので、ジャー料理にピッタリ。

材料（3～4人分）
A ┌ 牛すねかたまり肉……300g
　└ ローリエ……1枚
玉ねぎ……1個（240g）
白菜……2枚（180g）
じゃがいも（メークイン）……2個
にんじん……1本（120g）
セロリ……1/4本（30g）
塩・こしょう……各適量

B ┌ 水……7カップ
　└ コンソメスープの素（顆粒）……小さじ2

作り方

1. 鍋にBを入れて火にかけ、煮立ったらAを入れ、再び煮立ったら弱火にしてあくをすくう。ふたをして約1時間牛肉が柔らかくなるまで煮る。

2. 玉ねぎ、白菜は2cm角に切る。じゃがいもは縦半分に切り、1.5cm厚さに切る。にんじんは5mm厚さの輪切りにする。セロリはすじを取って1cm幅に切る。

3. 1に2の玉ねぎ、にんじん、セロリを加え、ふたをして10分煮て、じゃがいもと白菜を加えて15分煮る。

4. 3の牛肉を取り出し、2cm角に切って鍋に戻し入れ、塩、こしょうで味をととのえて火を止める。

5. ジャーに入れるときに温め直し、熱いうちに移す。

買い置きしておきたい食材
セロリ
セロリは茎の部分を1週間ほど冷蔵保存できます。乾燥防止のために、濡らしたキッチンペーパーなどで根元部分を覆い、ラップで全体を包みます。

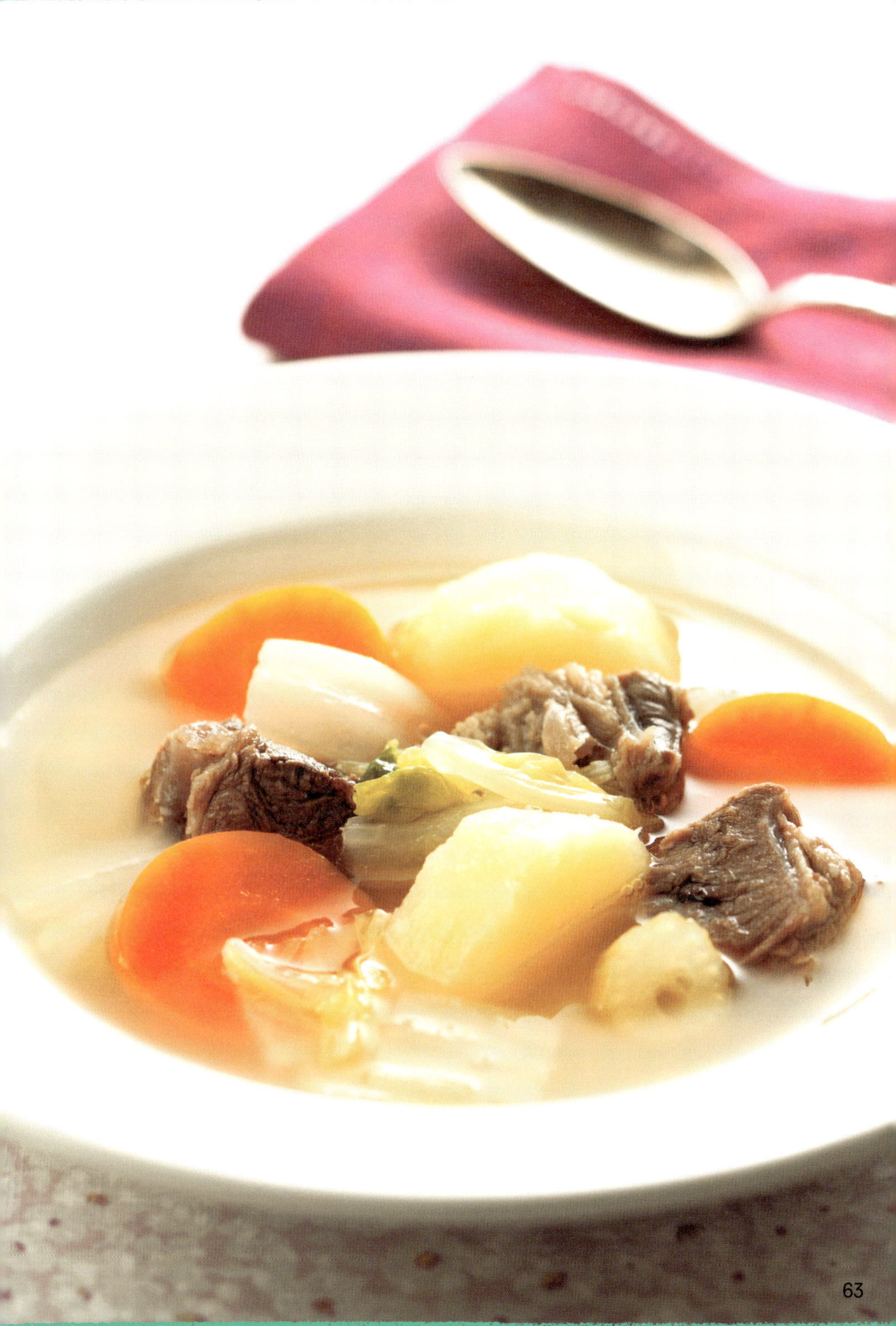

Chapter 3 | たくさん作って おいしいスープ

辛さ控えめのマイルドな味わいでご飯も進む
スープカレー

カレー粉で作るので、量で辛さを調節できます。小さいお子さんでも安心して大好きなカレーを楽しめる野菜、鶏肉の甘みを引き出したレシピです。

こどもの好みに合わせて、カレーの辛さを調節できます。

材料（3〜4人分）
- 鶏もも肉……1枚
- 玉ねぎ……1個（240g）
- なす……1個（70g）
- さやいんげん……8本
- しょうが……1片
- A
  - 水……4カップ
  - カレー粉……大さじ½〜1
  - トマトケチャップ……大さじ2
  - コンソメスープの素（顆粒）……小さじ2
- B
  - しょうゆ……小さじ1
  - 塩……小さじ½
- サラダ油……大さじ1 ⅔
- ご飯……3〜4杯

作り方

1. 玉ねぎ、しょうがはみじん切りにする。鶏もも肉は4cm角に切る。

2. 鍋にサラダ油大さじ1を熱し、**1**の玉ねぎを中火で茶色く色づくまで炒める。しょうがを加えて軽く炒め、鶏肉も加えて両面に焼き色がつくまで焼く。

3. **A**を加えて煮立ったら弱火にし、ふたをして20分煮る。

4. なすは2cm角に、さやいんげんはすじを取って4cm長さに切る。フライパンに残りのサラダ油を熱し、なす、さやいんげんを軽く炒め、ふたをして弱火にし、柔らかくなるまで蒸し焼きにする。

5. **3**は**B**で味をととのえる。器に人数分のご飯をそれぞれ盛り、カレーを盛って**4**をそれぞれのせる。

6. ジャーに入れるときに温め直し、熱いうちに移す。

買い置きしておきたい食材
玉ねぎ
料理の名脇役である玉ねぎ。冷蔵庫に常備しておくだけで、さまざまな料理に使い回しができます。保存期間は冷蔵庫で1カ月程度。スライスした玉ねぎも冷蔵庫で3〜4日もちます。

Chapter 3 | たくさん作っておいしいスープ

魚介のうまみとトマトの酸味がピッタリ
ブイヤベース

一見、大変そうな料理に見えるブイヤベースも、あさりとたらさえあれば、うまみがたっぷり出てくれるので、簡単に作れます。

お弁当には殻を取り除いて入れてあげてください。

材料（3～4人分）
- 甘塩たら（切り身）……2切れ
- あさり（殻つき）……200g
- じゃがいも（メークイン）……1個
- にんじん……½本（60g）
- A
  - 水……1カップ
  - 白ワイン……小さじ1
- B
  - にんにく……1片
  - オリーブ油……大さじ1
- カットトマト（缶）……¼缶（100g）
- 水……4カップ
- ローリエ……1枚
- 塩・こしょう……各適量

作り方

1. ボウルに水2カップ（分量外）と塩小さじ2を入れて溶かし、あさりを入れて30分ほどおいて砂を吐かせる。料理直前にあさりの殻をこすり合わせて洗い、**A**とともに鍋に入れて火にかけ、殻が開くまでゆでてざるに上げる。ゆで汁は取っておく。

2. じゃがいもは縦4等分に切り、1cm厚さに切って水にさらす。にんじんは5mm厚さのいちょう切りにする。にんにくはつぶす。甘塩たらは骨を取り除き、3cm角に切る。

3. 鍋に**B**を入れて弱火にかけ、香りが立ったらカットトマトを加えてひと炒めし、水、**1**のあさりのゆで汁、**2**のじゃがいも、にんじんを加える。

4. 煮立ったら弱火にし、ふたをして10分煮る。**1**のあさり、**2**のたら、ローリエを入れて5分煮る。塩、こしょうで味をととのえて火を止める。

5. ジャーに入れるときに温め直し、熱いうちに移す。

買い置きしておきたい食材
じゃがいも
じゃがいもは湿気の少ない冷暗所で保存しましょう。じゃがいもは光に当たると光合成をして緑色になるので、新聞紙にくるんで置いておくのがベスト。夏場は冷蔵保存で1週間、冬場は常温保存で1カ月が目安。

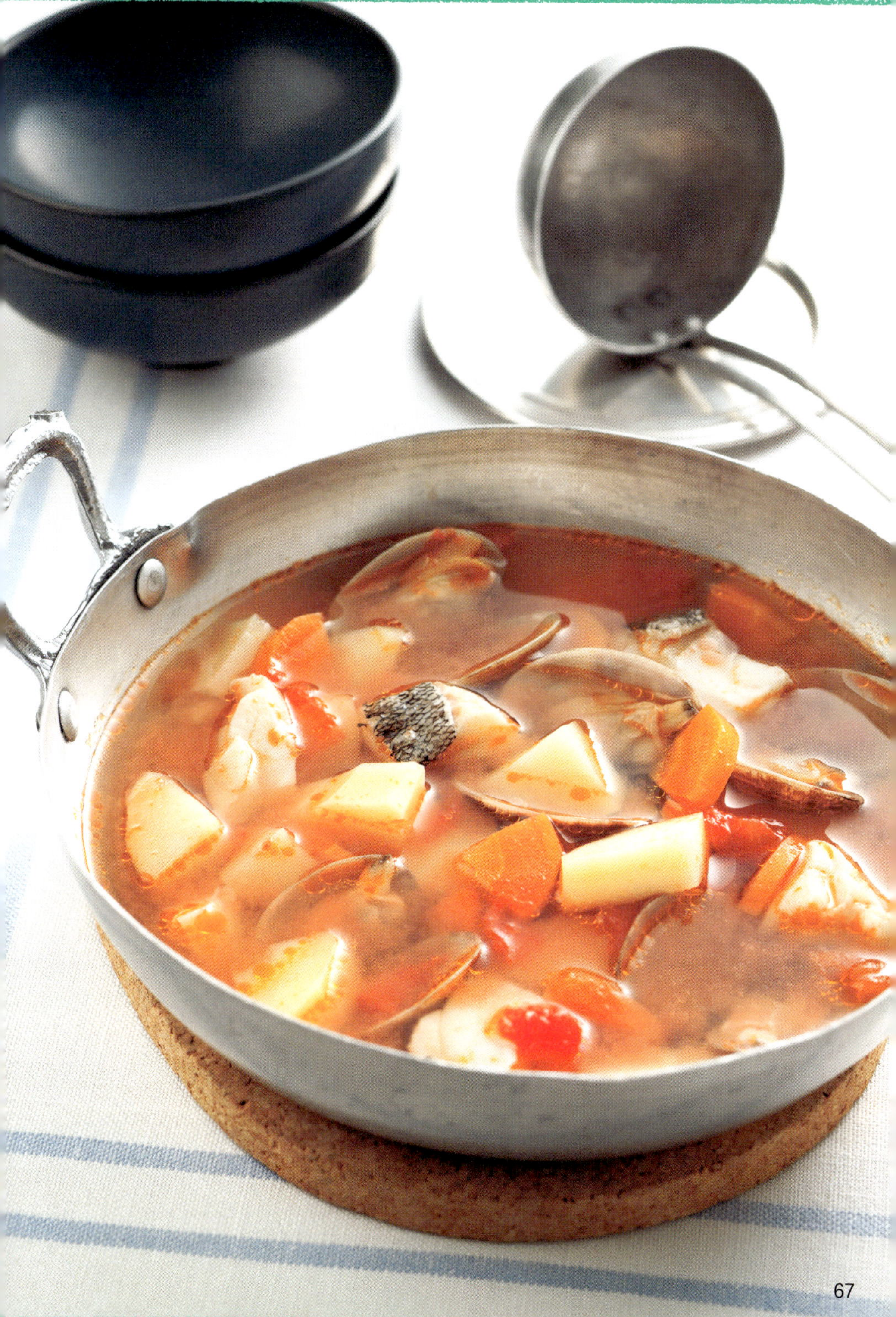

Column 4

冷凍しておきたい食材 ①

毎回スープジャー用に1人分を用意するのは非効率で、手間もかかります。
そこで活用したいのが、よく使う食材の冷凍保存です。
ここで紹介するのは、わが家でも常備しているものばかり。
こどもには、手間をかけずに、おいしい料理を食べさせたいものです。

とうもろこし（コーン缶）
ゆでたあと、包丁で実をそいではずす。小分けにして保存容器に入れる。コーン缶の残りも小分けにして冷凍すると便利。

保存期間 約1カ月

セロリ
小さめに切り、生のまま保存容器に入れる。細い茎も同様に。スープの香りづけに活躍。

保存期間 2〜3週間

油揚げ
使いやすい大きさに切り、小分けにして保存容器に入れる。

保存期間 2〜3週間

ベーコン
使いやすい大きさに切って、小分けにして保存容器に入れる。凍ったまま調理できるので便利。

保存期間 2〜3週間

鶏むね肉
冷凍しておくと柔らかくなる肉類は、使い勝手もいいのでぜひ冷凍保存したい。一口大に切って保存する。

保存期間 2〜3週間

Chapter 4

冷凍して使い回す
楽ちんスープ

基本の下ごしらえをしておけば、長期保存も可能。
時間がないときでもすぐに一品追加できるので、
お弁当作りの強い味方です。

Chapter 4 | 冷凍して使い回す 楽ちんスープ

基本の肉だんごの作り方
冷凍保存しておけば、すぐに使えるのが魅力

〈肉だんごの保存方法〉

バットに肉だんごを作ったら、そのままラップをかけて冷凍庫に入れましょう。ある程度凍ったら、保存袋などに入れ、空気を抜いて冷凍保存へ。保存期間の目安は冷凍で2～3週間です。

材料（20個分）
ひき肉（鶏肉、豚肉、牛肉のいずれか）……200g
A ┌ 塩……小さじ⅓
　└ こしょう……少量
B ┌ 水……大さじ1
　└ 薄力粉……大さじ1

※写真は鶏肉だんごです。

作り方
1 ボウルにひき肉を入れ、Aを加え、粘りが出るまでしっかり混ぜ、Bを加えてさらに混ぜる。

2 20等分し、バットに並べてラップをかけ、冷凍庫に入れる。ある程度凍ったら保存袋に入れて冷凍庫に保存する。

和風の柔らかい味で心もほっこり
鶏肉だんごと根菜汁

鶏肉だんごから出るだしが、野菜のだしとよく合います。保温しておくとさらにうまみが増します。

疲れたらとりたい食材
ごぼう
ごぼうには食物繊維が豊富に含まれており、腸の動きを促進し、便通をよくするなどの効果があります。また、利尿作用もあるので、体の余分な水分が排出されやすくなり、むくみも解消できます。

材料（1人分）
基本の肉だんご（鶏肉）
　……5個
大根……薄切り1枚（20g）
にんじん……1/6本（20g）
ごぼう……1/8本（15g）
だし汁……1 3/4カップ
A ┌ しょうゆ……小さじ1/2
　├ みりん……小さじ1/2
　└ 塩……少量

作り方
1　大根、にんじんは薄いいちょう切りにする。ごぼうはささがきにして水にさらし、ざるに上げて水気をきる。

2　鍋にだし汁、1を入れて煮立て、基本の肉だんごを凍ったまま加える。煮立ったら弱火にし、ふたをして10分煮る。Aを加えて味をととのえ、火を止める。

3　熱いうちにジャーに移す。

Chapter 4 | 冷凍して使い回す 楽ちんスープ

豚肉のだしが小松菜とよく合う
豚肉だんごと小松菜のスープ

小松菜は別にゆでることでかさが減り、たっぷりの量を入れられます。

疲れたらとりたい食材
豚肉
牛肉に含まれる量の約10倍のビタミンB_1が含まれる豚肉は、にんにく、にら、玉ねぎなどと一緒に食べると、疲労回復が促進されます。レモンに含まれるクエン酸との相性も抜群。

材料（1人分）
基本の肉だんご（豚肉）
　……5個
小松菜……1株（40g）
塩・こしょう……各少量
A ┌ 水……1½カップ
　└ 鶏がらスープの素（顆粒）
　　　……小さじ1

作り方

1　小松菜は熱湯で柔らかくゆで、水にとって水気を絞り、3cm長さに切る。

2　鍋にAを入れて煮立て、基本の肉だんごを凍ったまま入れてひと煮立ちさせる。弱火にしてふたをし、5分煮て1を加え、塩、こしょうで味をととのえる。

3　熱いうちにジャーに移す。

牛肉のうまみが溶け込んだ酸味のあるスープ

牛肉だんごのボルシチ

本場ウクライナではビーツを使いますが、家庭でも作れるようにトマトのみで酸味を出しました。

疲れたらとりたい食材

牛肉

牛肉には、必須アミノ酸がバランスよく含まれています。病気に対する抵抗力や傷の回復力を上げてくれるので、いざというときの踏んばりのためにも、適量をとることをおすすめします。

材料（1人分）

基本の肉だんご（牛肉）
　……5個
玉ねぎ……1/6個（40g）
キャベツ……1/2枚（30g）
じゃがいも……1/2個（60g）
カットトマト（缶）……40g
A ┌ 水……2カップ
　│ コンソメスープの素（顆粒）
　│ 　……小さじ1/2
　└ 塩・こしょう……各少量

作り方

1　玉ねぎは繊維を断つように5mm幅の薄切りにする。キャベツは4cm長さ1cm幅に、じゃがいもは4cm長さ1cm角に切る。

2　鍋にAを入れて煮立て、1、カットトマトを加えてひと煮立ちさせる。基本の肉だんごを凍ったまま加えてひと煮立ちさせ、弱火にしてふたをし、12〜13分煮る。

3　野菜が柔らかくなったら、塩、こしょうで味をととのえて火を止める。

4　熱いうちにジャーに移す。

Chapter 4 冷凍して使い回す 楽ちんスープ

基本のクリームソースの作り方

クリーミーな舌触りはこども受けも抜群

〈クリームソースの保存方法〉

鍋でクリームソースを作ったら粗熱を取り、スープジャーで使い回せるようにSサイズの保存袋に小分けし、冷凍庫に保存しましょう。保存期間の目安は冷凍で2〜3週間です。

材料（約300g分）

玉ねぎ（ごく細かいみじん切り）……1/6個分（40g）
バター……大さじ1 1/2（20g）
薄力粉……大さじ2
牛乳……2カップ

作り方

1. 鍋にバターを入れ、弱火にかけて溶かし、玉ねぎを透き通るまで炒める。火からおろし、薄力粉を加えてしっかり混ぜる。

2. 再び弱火にかけ、色がつかないように1分炒め、牛乳を2〜3回に分けて加え、そのつどしっかり均一に混ぜる。

3. 焦げつかないように鍋底をこそげながら、1〜2分煮詰め、冷ます。4等分して保存袋にそれぞれ入れ、冷凍庫で保存する。

※クリームソースは、ホワイトソースとも呼ばれる白いソースのこと。フランス語でベシャメルソースともいう。牛乳に小麦粉とバターを溶かし混ぜたものをいう。ここでは、ダマになりにくくなるので、玉ねぎを入れたレシピにアレンジしています。

ほうれん草の食感もまろやかに
ほうれん草のクリームスープ

鍋の底が焦げつかないように、ときどき底からはがすように具材をかき混ぜましょう。

疲れたらとりたい食材
ほうれん草
ほうれん草の葉酸には、赤血球を作り、こどもの発育を助ける効果があります。貧血気味の体にも効果あり。また、風邪を遠ざけてくれるので、疲れたときの栄養補給に適しています。

材料（1人分）
基本のクリームソース
　……1/4量（75g）
ほうれん草……1株（40g）
水……1カップ
コンソメスープの素（顆粒）
　……小さじ1/2
塩・こしょう……各少量

作り方
1. 基本のクリームソースは自然解凍する。鍋に湯を沸かし、ほうれん草を柔らかくゆでて水にとり、水気を絞る。葉を広げてみじん切りにする。

2. 鍋に1のクリームソースを入れ、水を少しずつ加えながら溶きのばし、コンソメスープの素、1のほうれん草を加えて混ぜて中火にかけ、ときどき混ぜながら4～5分煮て、塩、こしょうで味をととのえて火を止める。

3. 熱いうちにジャーに移す。

Chapter 4 | 冷凍して使い回す 楽ちんスープ

プリッとしたえびの食感がアクセント
トマトクリームスープ

えびは殻をむいて背わたを取り除いてから、一度つぶすと柔らかく食べられます。

疲れたらとりたい食材
えび
血行をよくし、造血機能を促す働きがあるえびは、体力がつき、気力を充実させる効果もあるので、疲労回復にはピッタリ。ビタミンDで体の抵抗力も高まり、歯や骨を丈夫にしてくれます。

材料（1人分）
基本のクリームソース……1/2量（150g）
えび……3尾
トマト……1/4個
A [水……1カップ
　　コンソメスープの素（顆粒）……小さじ1/2]
オリーブ油……小さじ1/2
塩・こしょう……各少量

作り方
1. 基本のクリームソースは自然解凍する。えびは殻をむいて背わたを取り除き、つぶして1cm幅に切る。
2. トマトは湯むきをし、1cm角に切る。
3. 鍋にオリーブ油を熱し、弱火で1のえびを色が変わるまで炒め、2を加えて炒める。1のソース、Aを加えて混ぜ、3～4分煮て、塩、こしょうで味をととのえて火を止める。
4. 熱いうちにジャーに移す。

ほんのりスパイシーなスープで食欲も増進

カレークリームスープ

ブロッコリーとヤングコーンを入れ、カレー粉で味つけをした、こども受け抜群のスープ。

疲れたらとりたい食材
ブロッコリー
ブロッコリーには、ビタミンCがキャベツの4倍含まれているという研究結果があります。ビタミンCには、疲労回復の作用があるので、積極的に食べて疲れない体を作りたいですね。

材料（1人分）
基本のクリームソース……½量（150g）
ブロッコリー……3房（30g）
ヤングコーン（水煮）……2本
水……1カップ
塩……少量
カレー粉……小さじ¼
コンソメスープの素（顆粒）……小さじ½

作り方

1 基本のクリームソースは自然解凍する。ブロッコリーは小房に分け、熱湯で柔らかくなるまでゆでる。ヤングコーンは横半分に切る。

2 鍋に1のソースを入れ、水を少しずつ加えながら溶きのばし、コンソメスープの素を加える。カレー粉を水少量（分量外）で溶き、鍋に加えて混ぜて中火にかけ、煮立ったら1のブロッコリーとヤングコーンを加え、混ぜながら3～4分煮て、塩で味をととのえて火を止める。

3 熱いうちにジャーに移す。

Chapter 4 | 冷凍して使い回す 楽ちんスープ

基本の野菜ペーストの作り方

ポタージュだけでなく、いろいろな料理の付け合わせにも

<野菜ペーストの保存方法>

小さめの保存容器に分けて冷凍庫に保存しましょう。保存容器は、耐熱性の容器にしておくと、すぐに電子レンジで解凍できて便利です。保存期間の目安は冷凍で2～3週間です。

※写真はかぼちゃのペーストです。

じゃがいも

材料（約240g分）
じゃがいも……大2個（300g）

作り方
1 じゃがいもは皮をむき、水にくぐらせる。耐熱皿に並べてラップをかけ、電子レンジで約6分、竹串がすっと通るまで加熱する。

2 熱いうちになめらかにつぶす。またはざるでこす。

にんじん

材料（できあがり量150g）
にんじん……2本（240g）

作り方
1 じゃがいもと同様に加熱してつぶす。

かぼちゃ

材料（できあがり量180g）
かぼちゃ（皮・種つき）……300g

作り方
1 かぼちゃは種を除き、じゃがいもと同様に加熱する。皮を残してスプーンですくい、熱いうちにつぶす。

野菜の甘みとクリームのコクがおいしい
じゃがいものポタージュ

じゃがいもは煮溶けるほど加熱しているので、ほっこりとなめらかな舌触りになります。

疲れたらとりたい食材
バター
疲れてイライラしがちなときには、精神ストレスを緩和してくれる効果があるバターを取り入れると、心が落ち着く。ほかにも、カルシウムの吸収を助けるビタミンDなど栄養素が豊富に含まれる。

材料（1人分）
基本の野菜ペースト（じゃがいも）
　……1/3量（80g）
A ┌ 玉ねぎ（みじん切り）
　│　……1/2個分（20g）
　└ バター……小さじ1
薄力粉……小さじ1
B ┌ 水……1カップ
　│ コンソメスープの素（顆粒）
　└　……小さじ1/2
牛乳……1カップ
塩・こしょう……各少量

作り方
1　基本の野菜ペーストは自然解凍する。

2　鍋にAを入れて弱火にかけ、玉ねぎが透明になるまで炒める。薄力粉をふり入れて均一に炒め、1とBを加えて中火にして混ぜ、ひと煮立ちさせて弱火にし、ふたをして10分煮る。牛乳を加えて1分煮て、塩、こしょうで味をととのえて火を止める。

3　熱いうちにジャーに移す。

Chapter 4 | 冷凍して使い回す 楽ちんスープ

見た目も鮮やかな甘い味わい
にんじんの
ポタージュ

にんじんは、加熱すると甘みが出て味わい深くなります。バターのコクで風味がアップ。

疲れたらとりたい食材
にんじん
にんじんにはベータカロテンが豊富に含まれていますが、これは体内でビタミンAに変換されます。ビタミンAは疲れ目を癒やし、視力を回復する効果があるので、目を酷使した日などはぜひ食べてほしい食材です。

材料（1人分）

基本の野菜ペースト（にんじん）
　……1/3量（50g）
A ┌ 玉ねぎ（みじん切り）
　│　……1/2個分（20g）
　└ バター……小さじ1
薄力粉……小さじ2
B ┌ 水……1カップ
　└ コンソメスープの素（顆粒）
　　　……小さじ1/2
牛乳……1カップ
塩・こしょう……各少量

作り方

1　基本の野菜ペーストは自然解凍する。

2　鍋に**A**を入れて弱火にかけ、玉ねぎが透明になるまで炒める。薄力粉をふり入れて均一に炒め、**1**と**B**を加えて中火にして混ぜ、ひと煮立ちさせて弱火にし、ふたをして10分煮る。牛乳を加えて1分煮て、塩、こしょうで味をととのえて火を止める。

3　熱いうちにジャーに移す。

パンにつけて食べてもおいしい
かぼちゃのポタージュ

甘みのきいたかぼちゃのスープは、時間が経つほど味がなじみます。

疲れたらとりたい食材
牛乳
運動後に牛乳を400〜600ml飲むと疲労回復に効果があるという研究結果があります。電解質を含んだスポーツドリンクよりも回復速度が速いのだそう。スポーツ後のこどもが疲れていたら、温めた牛乳を飲ませましょう。

材料（1人分）
基本の野菜ペースト（かぼちゃ）
　……1/3量（60g）
A ┌ 玉ねぎ（みじん切り）
　│　……1/2個分（20g）
　└ バター……小さじ1
薄力粉……小さじ2
B ┌ 水……1カップ
　│ コンソメスープの素（顆粒）
　└ 　……小さじ1/2
牛乳……1カップ
塩・こしょう……各少量

作り方
1　基本の野菜ペーストは自然解凍する。

2　鍋にAを入れて弱火にかけ、玉ねぎが透明になるまで炒める。薄力粉をふり入れて均一に炒め、1とBを加えて中火にして混ぜ、ひと煮立ちさせて弱火にし、ふたをして10分煮る。牛乳を加えて1分煮て、塩、こしょうで味をととのえて火を止める。

3　熱いうちにジャーに移す。

Column 5

冷凍しておきたい食材 ②

冷凍しておく利点は、便利なだけではありません。
肉類は、凍らせることで細胞が壊れ、肉質が柔らかくなります。
貝類やきのこ類はうまみを増し、玉ねぎは甘みがアップするなど、
冷凍でおいしくなる食材があります。冷凍ワザを上手に使いこなしましょう。

あさり
あさりはよく洗い、砂出しをして保存容器に入れる。凍ったまま調理するとうまみを逃がさずおいしく食べられる。

保存期間 約2週間

きのこ類
石づきを取り、小房に分けて食べやすい大きさにして保存容器に入れる。数種類のきのこをミックスしておいても便利。

保存期間 約2週間

玉ねぎ
薄切り、みじん切りなど、使いたい大きさに切って小分けにして保存容器に入れる。

保存期間 約2週間

帆立貝（生）
うまみが出るので、料理の味つけに便利。大きいものは適宜切り揃え、小ぶりなものはそのまま保存容器に入れる。

保存期間 約2週間

そのほかにも……冷凍しておける意外な食品

野菜や肉などを冷凍している人は多いですが、ほかにもこんな意外なものを冷凍しておけるので、参考にしてください。

ハーブ類（ローズマリー、ミント、タイム、セージなど）
さっと洗って、水気をよくふき取って、ラップに包んで保存袋に入れる。バジルは変色してしまうので、ペーストにする。

保存期間 2〜3週間

削りがつお
パックを開けてしまい、余ったら冷凍へ。保存袋に入れ、しっかり空気を抜く。だしを取るときは、凍ったまま使えるので便利。

保存期間 2〜3週間

せんべい、ポテトチップス、クッキー
袋のまま保存する場合は、保存袋に入れるとしけない。常温解凍して食べる。

保存期間 約1カ月

ケーキ、和菓子
包みを開けてしまったら、ひとつずつラップで包んで保存袋に入れる。常温解凍して食べる。

保存期間 約1カ月

Chapter
5

スープと一緒に持たせたい！
ご飯いろいろ

食べ盛りのこどもには、スープだけでなく主食もつけてあげたいですね。
どれも簡単にできるものばかりだから、
お母さんの手間もかかりません。

Chapter 5 スープと一緒に持たせたい！ご飯いろいろ

おにぎらずの包み方

1. ラップを広げ、焼きのりの表（つやのある側）を下にしてのせる。
2. のりの中心に塩少量をふり、温かいご飯を半量のせる。包むための余白を四方に残す。
3. 具材を重ねる。残りのご飯をのせ、塩少量をふる。
4. 具がこぼれないように、のりをラップごと右から左へ、左から右へ折りたたむ。
5. 同様に上下もたたみ、とじ目を下にしてラップで包む。なじんだら2等分する。

スパムおにぎらず

スパムに煮からめた甘辛タレがご飯にピッタリ

材料（1個分）

ご飯（温かいもの）……120g
ポークランチョンミート
（8mm厚さ4cm角のもの）……1切れ
さやいんげん……2本
とき卵……1個分
A ┌ 砂糖……小さじ1
  │ 塩……ひとつまみ
  └ 水……小さじ1
B ┌ 砂糖……小さじ¼
  └ しょうゆ……小さじ¼
焼きのり……1枚
サラダ油……少量
塩……少量

作り方

1. とき卵にAを加えて混ぜる。フライパンにサラダ油を熱し、卵液を流し入れ、弱火にして焼く。冷めたら7cm角に切る。

2. さやいんげんはすじを取り、塩ゆでして長さを2等分する。

3. 1のフライパンをさっとふいて再び熱し、ポークランチョンミートの両面を焼き、Bを加えて煮からめる。

4. 焼きのりの上に塩をふり、8cm四方に広げたご飯に1と2と3をのせ、上記の包み方と同様にして包む。

ボリュームたっぷり満足メニュー
焼肉おにぎらず

材料（1個分）
ご飯（温かいもの）……120g
牛こま切れ肉……40g
にんじん……1/2本（10g）
もやし……1/10袋（20g）
A ┃ 塩……ひとつまみ
　┗ ごま油……少量
B ┃ しょうゆ……小さじ1 1/2
　┃ 砂糖……小さじ1
　┃ ごま油……小さじ1
　┃ 白すりごま……小さじ1/2
　┗ こしょう……少量
焼きのり……1枚
塩……少量

作り方
1 にんじんはせん切りにし、もやしはひげ根を取り、一緒に熱湯でさっとゆでてざるに上げ、水気をきる。ボウルに移し、**A**を加えて和える。

2 ボウルに**B**を合わせ、牛こま切れ肉は3〜4cm長さに切り、加えて和える。フライパンを熱し、中火でほぐしながら炒める。

3 焼きのりの上に塩をふり、8cm四方に広げたご飯に**1**、**2**をのせ、84ページの包み方と同様にして包む。

アボカドがとろけるおいしさ
照り焼きチキンおにぎらず

材料（1個分）
ご飯（温かいもの）……120g
鶏むね肉……40g
片栗粉……適量
A ┃ みりん……小さじ1
　┃ しょうゆ……小さじ1
　┗ 砂糖……小さじ1/2
グリーンカールレタス……1/2枚
アボカド（5mm厚さの薄切り）……2枚
焼きのり……1枚
サラダ油……小さじ1
塩・こしょう……各適量

作り方
1 鶏むね肉は1cm厚さのそぎ切りにし、塩、こしょうをふって片栗粉を薄くまぶす。

2 フライパンにサラダ油を熱し、**1**を並べてふたをし、弱火にして2〜3分蒸し焼きにする。**A**を加えて煮からめる。

3 焼きのりの上に塩をふり、8cm四方に広げたご飯に、**2**、グリーンカールレタス、アボカドをのせ、84ページの包み方と同様にして包む。

Chapter 5 | スープと一緒に持たせたい！ご飯いろいろ

しょうゆの香ばしさがツナのうまみを引き出す
コーンとツナのおにぎり

材料（4個分）
米……1合（180ml）
ホールコーン缶……50g
ツナ（油漬けの缶）……40g
水……215ml
A ┌ 酒……大さじ½
　└ しょうゆ……大さじ1

作り方
1. 米は洗い、ざるに上げて水気をきる。炊飯器に入れ、水を入れて30分おく。
2. ホールコーンは水気をきり、ツナは油をきる。
3. 1にAを加えて混ぜ、2をのせて炊く。
4. 炊き上がったら、底から混ぜ、温かいうちに¼量ずつ三角ににぎる。

チーズの塩気がご飯にベストマッチ
チーズにぎり

材料（1人分）
ご飯（温かいもの）……120g
ベビーチーズ……1個（15g）
焼きのり（縦半分に切る）……1/6枚分
塩……少量

作り方
1 ベビーチーズは1cm角に切る。

2 ご飯に1を混ぜ2等分する。手に塩をつけ、たわら形に2個にぎってのりをそれぞれに巻く。

卵のほのかな甘みがやさしい味わい
たまご巻きおにぎり

材料（1個分）
ご飯（温かいもの）……100g
とき卵……1個分
サラダ油……少量
塩……少量

作り方
1 ご飯をボール状ににぎる。

2 とき卵に塩を加えて混ぜる。フライパンにサラダ油を熱し、卵液を流し入れ、弱火で両面を焼く。ラップを広げ、薄焼き卵を温かいうちにのせ、中央に1をのせて包み、とじ目を下にして置き、落ち着かせる。

Chapter 5 | スープと一緒に持たせたい！ご飯いろいろ

梅干しの酸味がお弁当にピッタリ
梅がつお巻き

材料（1人分）
ご飯（温かいもの）……70g
すし酢（市販）……小さじ1
梅干し……1個
かつお削り節……大さじ1
焼きのり……½枚

作り方
1. 梅干しはさっと洗って塩気を落とす。水気をふいて種を取り、粗くほぐしてボウルに入れ、かつお削り節を混ぜる。
2. ご飯にすし酢を混ぜて冷まし、焼きのりの上に広げる。すし飯の中心一列に **1** をのせる。
3. 89ページと同様にして巻きすで巻き、3cm幅に切る。

定番のかっぱ巻きは、ごまがポイント
かっぱ巻き

材料（1人分）
ご飯（温かいもの）……70g
すし酢（市販）……小さじ1
きゅうり……¼本（25g）
白いりごま……少量
焼きのり……½枚

作り方
1. きゅうりは1cm角の棒状に切る。
2. ご飯にすし酢を混ぜて冷まし、焼きのりの上に広げる。すし飯の中心一列に白いりごま、**1** を順にのせる。
3. 89ページと同様にして巻きすで巻き、3cm幅に切る。

ご飯とたらこはベストパートナー！
たらこ巻き

材料（1人分）
ご飯（温かいもの）……70g
すし酢（市販）……小さじ1
甘塩たらこ……⅙腹（10g）
焼きのり……½枚

作り方
1. 甘塩たらこはフライパンかグリルであぶる。
2. ご飯にすし酢を混ぜて冷まし、焼きのりの上に広げる。すし飯の中心一列に **1** をちぎりのせる。
3. 89ページと同様にして巻きすで巻き、3cm幅に切る。